社会信用体系
基础理论及实践

Basic Theory and Practice of
SOCIAL CREDIT

宋立义 ◎ 著

中国财经出版传媒集团

经济科学出版社
Economic Science Press

前　言

　　市场经济是信用经济，市场的良性健康可持续运行需要完善的社会信用体系来保驾护航。我国社会信用体系建设自 20 世纪末逐步进入快车道。随着我国社会信用体系建设在各个领域全面推进，在取得一系列成绩的同时，引发了人们对信用信息概念扩大化、征信与信用的关系、信用手段与传统监管手段的关系、个人信用等的广泛关注。"信用是个筐，什么都往里装""信用管理无所不包"等现象日益突出，引起有关部门和研究者的重视，在国际上也招致了一些负面评价，对我国社会信用体系建设推进产生了阻碍。我国社会信用体系建设招致批评的原因众多，其中之一就是社会各界对于信用和社会信用体系认识不清，对于社会信用体系发挥作用的机制没有充分认识。社会信用体系基础理论较多，最基础的应当是社会信用体系是什么及其能够发挥什么作用，只有对这些问题形成准确的认识，社会信用体系才能更好地发挥作用。因此，本书主要从信用及社会信用体系基本概念的认识，以及社会信用体系作用机制及可以发挥什么样的作用等方面开展社会信用体系基础理论研究。同时，社会信用体系又是一个基于中国历史和现实社会中存在的问题而提出的概念，在推动社会诚信建设及信用支持经济发展中发挥了重要作用。

目 录
CONTENTS

1 Chapter

第一章
信用的概念及理解

理解社会信用体系首先需要理解信用的概念。信用含义广泛，与诚信、信任、信誉等词汇既有交叉又有区别，过多纠结于词义解释无益于理解信用是什么，应深刻理解信用的本质含义，即过往信用主体的行为记录对现在及以后的各类经济社会活动的参考。在对信用实质认识的基础上，对比分析国内外对于信用理解的差异，加深对中国语境下信用的理解。

第一节　信用的概念

信用的概念十分丰富，已有的研究主要从信用含义、信用与诚信和信任等关系，社会信用体系的理解及对失信的认定等方面进行。信用及其相关概念往往与文化、管理、法律、制度及道德等混淆在一起，诸多学者各自都使用未加限定的概念，对于讨论的问题是否属于同一个话题、讨论的出发点和归属是否一致难以判断，对信用概念认知的混乱造成了学界公说公有理、婆说婆有理的研究现状，造成了社会信用研究难以积累且持续展开的不良后果，也给社会信用体系实践带来不利的影响。

一、信用与相近概念辨析

与信用相关的概念主要有诚信、信任、信誉等，很多场合中这些词语往往混用，这也是引起不少混乱和争议的重要原因。

（一）信用与诚信的关系

诚信侧重主观意义上的评价，而信用则强调客观事实记录，两者之间具有相互促进的作用。刘瑛、陈柳西（2020）认为信用与诚信是不同的独立概念。"诚信"更多的是指个体自我修养，属于原则性的道德范畴，反映个体的主观意志，强调个人自律、不自欺，体现为内在的道德品质和境界，而"信用"则侧重于社会交往或经济交易领域，属于社会和经济范畴，反映各方主体之间的信任关系，强调履行承诺、不欺人，体现为外在的规则与秩序。程民选（2010）指出信用与诚信的着眼点不大相同，信用关注的是人们在经济社会交往中是否恪守承诺，重点放在守约重诺上，即更多考虑的是信用行为、信用关系和信用秩序；诚信作为道德诉求，并不限于守信，而是与诚实并重，事实上又是以诚实作为其基础的，所强调的是个体的道德修养和道德水准。王淑芹（2013）认为诚信泛指社会生活领域中由承诺形成的伦理关系，也强调对诚信道德规则本身的认同感，而信用主要是指经济活动领域中出于对承诺的信任而以一定的利益让渡和偿还为条件形成的经济伦理关系，信用更看重行为结果的合规则性，即是否实际履行了承诺或合同，而不追问人们履约动机是出于道德责任还是出于免除惩罚的利益考虑。孙磊（2010）作为内在信用制度的组成部分，诚信只是决定信用契约达成和履行的一个因素而已。信用体系被赋予了维护和促进社会诚信的使命，诚信道德的产生和发展在一定程度上是为了满足信用交易的需要。

信用与诚信都具有道德方面的内涵，这也是信用与诚信概念在很多地方混用的原因。诚信与信用两者有紧密的联系，两者都含有伦理、道德等方面的内容。程民选（2010）指出信用包含信用主体、信用客体和信用关系三要素，诚信所强调的是主体内在的道德品质，诚信作为道德诉求和行为的伦理规范，成为信用不可或缺的伦理基石。王淑芹（2015）认为诚信与信用都是指承诺与履行约定的伦理关系、规范要求、行为品德。刘瑛、陈柳西（2020）认为诚信是信用的内心态度，信用是诚信的外在表现。诚信道德心理难以准确地度量和把握，因此必须体现于信用行为。经济活动中的信用关系是利益驱动和契约规范的产物，交易方通过契约形成信用关系，但并不等同于双方都具有诚信。王淑芹（2013）认为诚信延续了中国传统道德，强调诚是信的道德基础，行为主体具有"诚"的内在品质和信念，才会有"信"的价值取向和外在行为方式，即"诚于内，信于外"；而信用更具西方的传统，偏重守约行为的结果，在某种程度上，更注重外在制度的规约与惩罚。

（二）信用与信任的关系

信任是一种在不能控制他人行为的前提下，所作出的一种风险性决策或选择，是一种对于被信任一方承诺和（或）行为的期待。两者存在密切关系，信任是信用的前提和基础，缺乏信任关系则难以建立信用关系，信用又会反作用于信任，恪守承诺自当取信于人。信用与信任在着眼点、作用范围、理性程度等方面存在差异。程民选（2010）指出信任是一种简化复杂性的机制，从恪守承诺来理解信用，信用与信任的区别主要体现在：一是信用的着眼点是主体的承诺及其兑现，是主体自身守信与否的行为选择，而信任的着眼点在于主体针对他人可信性的心理与行为，两者所关注的侧重点不同；二是信任较之信用的使用范围更加宽泛，在适用信任概念的地方不一定适用信用概念，如我们可以信任一个人或者组织，但这并不意味着一定要与之发生信用关系；三是信任可以包括非理性因素在内，而信用则要求理性对待；四是信任可以是无条件的，而信用则是有条件的。

（三）信用与信誉的关系

信誉是因主体坚持诚信而赢得的声誉，其实质是关于主体可信任度的信息，此类信息通过传统社会口口相传、现代社会的信用评级公告等使受众广为知晓，节约信誉主体的"进入"成本，信誉成为主体的一类无形资产。对于合作双方来说，良好的信誉可以节约各种交易成本。程民选（2010）指出有信用才能建立起信誉，而有信誉又有利于信用的拓展，两者联系在于：一方面，主体恪守承诺，信守合约，诚实交易，讲求信用，必然获得公众的好评，从而建立起自身的信誉；另一方面，当主体建立了自身的信誉后，信誉成为主体的名片，依托自身的信誉，主体能够更加有效地与更多他人和组织建立交易与合作关系，当然也更容易扩展其信用关系。两者区别在于：信用本质上是主体所作出的选择，即在信用关系中是坚持诚信还是放弃诚信。有了坚持诚信的抉择，才会有恪守承诺、信守合约、诚实交易的相应行为；信誉的实质是关于主体可信任度的信息，这类信息当然与主体的信用状况（信用行为的综合反映）息息相关，但信誉毕竟是反映主体可信任度的信息，显然不同于主体在信用关系中的选择和行动。

二、信用的定义

（一）信用的现有定义

总体来说，现有研究普遍认为信用具有丰富的内涵，主要可以概括为两个方面：一方面，信用可以从经济层面和社会道德层面理解，经济学中信用是指社会成员或组织的信用关系要受到契约或协议的约束，而社会学中信用是指社会成员或组织的信用关系并非受到契约或协议的约束，而是通过道德约束来纠正和规范；另一方面，从遵守义务的范围来看信用，信用是遵守约定或法定义务。

信用在经济意义上的理解包括跨期交易、债权债务关系等方面的含义，是一种可以量化的行为。陈新年（2017）指出信用是一种信任关系，经济学意义上的信用指的是建立在受信人偿付承诺的信任的基础上，受信人不用立即付款就可获得商品、服务或货币的能力，履约能力和履约意愿这两个因素对受信人的信用产生重要影响。孙磊（2010）认为经济学意义上的信用是一种跨期的债权债务契约，本质是以跨期契约为标志的经济交易活动。随着跨期交易的不断增加，信用的经济学内涵不断扩展，信用及信用体系的发展具有明显的阶段性特征。韩家平（2018）将市场主体的信用关系分为经济交易信用和社会交往信用两个方面。其中，经济信用是指市场主体在经济（商务、金融）交易过程中产生的信用关系，最终会形成债权债务关系，可以量化，可在市场主体财务报表中体现出来。这里的经济信用和西方的信用概念是一样的，而社会信用跟西方的社会诚信的概念基本一致。翟学伟（2018）指出信用可解释为经济活动中借贷或赊销的权利或能力，在制度层面指的是信用活动及信用关系的设计和安排，是规范企业、个人和政府等市场主体的信用行为、维护信用交易秩序的各种规则和约定。马国建（2014）指出从经济意义上说信用是以一定的经济标的物为内容、以借贷为特征的经济行为。关建中（2016）认为信用体现的是债权人和债务人构成的借贷关系，属于经济基础范畴。范水兰（2019）指出在经济语境中信用主要是一个与信用交易相关的实证概念，其含义侧重于对信用交易行为本身的描述，本身并不包含价值判断。罗欢平（2020）指出狭义的信用即经济学意义上的信用，是指把对某物（如一笔钱）的财产权给予让渡以交换在未来的某一特定时刻对另外的物品（如另外一笔钱）的所有权。章政、张丽丽（2017）指出狭义信用体现在以征信和评级为核心的市场信用体系中。刘新海（2021）认为信用指经济交易的一方在承诺未来偿还的前提下，另一方向其提供资源的行为。汪路（2018）指出信用以偿还为条件的价值运动，本质是一种债权债务或权利义务关系。他还指出为与国际接轨、厘清征信业务众多混乱和争论，应将信用理解为经济意义上的资金往来关系，这样的狭义理解并不妨碍或减弱征信的延伸功能在维系和促进社会诚信等方面发挥应有的积极作用。

信用的社会学含义，信用包含了诚实、不欺骗、遵守承诺、履行义务等意思，侧重于衡量一个人的道德品质。陈新年（2017）认为道德层面的信用是指社会成员之间互信的关系，道德层面的信用等同于诚信，广义的信用概念等同于诚信，诚信社会也就是指诚实、践约守信的社会氛围。汪路（2018）指出信用是诚实、不欺骗、信任、遵守诺言、实践成约的一般意思，是指人们诚实守信的品质与人格特征，侧重于反映一个人诚实守信的主观意愿，主要属于道德范畴；马国建（2014）指出信用从精神道德观念上讲，表现为一个人或单位诚实守信、遵守诺言。孙磊（2010）认为社会学意义上的信用主要指交往中信守诺言以及信任他人会按照承诺行事。关建中（2016）认为信用是诚信关系，体现的是社会成员对社会管理规则和道义的遵守，属于上层建筑范畴。范水兰（2019）指出伦理语境中的信用是一个与道德品质相关的概念，侧重对诚实、遵守诺言等道德品质的描述。章政、张丽丽（2017）指出广义信用是指在经济社会活动中，某一主体被其他社会主体所信任，并建立交易关系的依据。

无论是从经济还是从社会道德层面来理解信用的含义，多数学者均将信用在经济和道德层面的含义进行了区别，也有少数学者将两方面含义糅合在一起。吴晶妹（2014）认为信用是获得信任的资本，是其拥有者社会关系与经济交易活动的价值体现。信用由意愿、能力与行为结果构成。信用有广义和狭义之分，广义的信用即获得信任的资本，是社会与经济领域的综合，包括诚信资本、合规资本和践约资本；狭义的信用，即获得对手信任的经济资本，主要包括金融借贷、有价证券交易、商业贸易往来等交易活动中，信用主体所表现出来的成交能力和履约能力。信用是三维组成，分别是诚信度、合规度和践约度。诚信度，指的是信用主体获得社会公众信任的基础资本，涉及信用主体的基本诚信素质，涉及信用主体的道德文化理念、精神素养、意愿、能力和行为；合规度，指的是信用主体获得管理者信任的社会资本，涉及信用主体的一般社会活动，体现的是信用主体在社会活动中的价值取向与信用责任；践约度，指的是获得交易对手信任的经济资本，表现为信用主体在信用交易活动中遵守交易规则的能力，主要是成交能力和履约能力。汪路（2020）明确指出三维信用论对泛化信用起到了重要的推波助澜的作用。

信用是履行约定义务状况成为大家的共识，但是对于信用是否包含履行法定义务存在一定争论。部分学者，特别是法律界人士认为信用也包含了对法定义务的履行。范水兰（2019）指出在法律语境中，信用交易主要被作为契约关系予以规范，强调其债权债务的法律性质，包含道德色彩、经济色彩及对个体信用能力的社会评价。韩家平（2020）将信用定义为市场主体在社会和经济活动中遵守法定义务或者履行约定义务的状态。罗欢平（2020）指出社会信用不仅限于市场主体对各类经济合同的履约能力，还包括其他社会主体在社会经济活动中遵守法律规定，遵守合同约定的状态。王伟等（2020）认为在中国语境下的"社会信用"就包含了对法律的遵循、对合同义务的履行两层含义。从社会和国家层面来说，信用已经超越交易主体之间的狭义上商事信用，是社会共治、社会监督的重要内容，形成社会层面的信用法律机制，信用成为市场监管的核心内容，信用是一个需要国家进行调控和监管的问题。实施信用监管是惩戒违法失信行为的需要，是中国文明转型期的要求。罗培新（2018）指出信用则是在法律明确规定或者合同明确约定的前提下，当事人履行义务的状态，是一种客观记载和描述，本身并不具有扩张义务的功能。并对社会信用主要指的是金融信用的观点进行了批判，此观点认为违法行为和个人信用之间并不存在必然联系，法律是社会的最大公约数，是民众公共选择的结果，也是一份公民应当共同信守的契约，守法是守信者的底线要求。至于哪些违法或者违约行为必须纳入信用记载的范围，则取决于立法者的价值选择。

各地信用立法对信的理解不一致。在全国层面社会信用法未出台的情况下，各地区积极行动，出台信用相关条例。在已经出台的省级信用相关条例中，各地对信用的理解并不完全一致，这也说明了要取得信用的一致性理解具有较大难度。例如，上海对社会信用的理解是"完全民事行为能力的自然人、法人和非法人组织，在社会和经济活动中遵守法定义务或者履行约定义务的状态"，与经济尤其是金融领域的信用内涵相差甚远；湖北将社会信用信息定义为"可用于识别自然人、法人和其他组织（以下简称"信用主体"）信用状况的数据和资料"，但未对信用状况加以进一步的明确；河北对社会信用信息的理解更为复杂，既强调了需"遵守法律、法规和规章"，又提到"履行法定义务或者约定义务状况"，但这两者之间的关系不甚明了；浙江对公共信用信息的定义仍简单落脚在"信用状况"这一表述上。

（二）信用的定义

根据已有研究可以看出，政府、专家、国内外等对信用的理解千差万别，很难取得一致意见。本书将信用定义为：信用是具有完全民事行为能力的自然人、法人和非法人组织（以下统称"信用主体"），在社会和经济活动中履行约定义务的状态，是各类信用主体之间在经济社会交流交往过程中形成的信息。

信用是经济社会中的信用个体履行约定义务的状况，这里的约定义务指的是正式约定义务，即正式的法律法规、规章制度等明文规定的约定义务，是经济社会生活中一些约定俗成的但没有明文规定的事项。结合信用的定义以及在实际生活中的应用来看，信用可以从经济层面和道德层面理解。经济层面信用是指社会成员或组织的信用关系要受到契约或协议的约束，包括跨期交易、债权债务关系等方面的含义，是一种可以量化的行为。道德层面信用是指社会成员或组织的信用关系并非受到契约或协议的约束，而是通过道德约束来纠正和规范。信用的道德意义上包含了诚实、不欺骗、遵守承诺、履行义务等意思，侧重于衡量一个人的道德品质。可以看出，信用从经济层面理解更多体现为遵守和履行正式的约定义务，而从道德层面则更多体现为遵守和履行非正式的约定义务。

正式与非正式约定义务之间的界限并不是十分严格，与经济社会发展情况和不同情形相关。随着经济社会不断发展某些非正式的约定义务也会转化为正式的约定义务。例如，不看望老人在一般情况下属于道德层面的问题，子女会被认为不讲孝心，会受到道德谴责。但是，随着时代的前进，看望老人已由"以德入法"进入正式约定义务，已是《中华人民共和国老年人权益保障法》中明确规定的法定义务。上海已经在执行层面出台了具体措施，如果成年子女拒不看望老人的话，老人可以向法院提起诉讼，如果子女拒不履行法院判决，就可以根据《上海市公共信用信息归集与使用管理办法》的规定将相关信息归入信用平台，对信用主体的经济社会活动将会产生一些不利影响。同样的行为在不同的情况下，正式与非正式也会发生转换。慈善捐赠本身不是信用主体的法定义务。捐赠是一种信用个体的自主自愿行为，不可以强迫他人捐赠，但如果信用个体公开宣称捐赠而没有付诸实践，则可能会变成"诈捐"，已经不再是个体的反悔，有可能涉及违反《中华人民共和国民法典》里面的相关规定而违约。

三、信用的实质

信用的定义虽然会因不同人的认识而不同，但这并不妨碍我们理解其实质所在。信用的实质是过往信用主体的行为记录对现在及以后的各类经济社会活动的参考。根据信用定义和实质，要想理解好信用需要紧紧围绕两个关键词，即记录与关联。

一是过往的行为信息能够被记录保存。信用被记录保存是其成为各类经济社会活动参考的第一步。仅仅是信用的记录，就涉及很多方面的内容，如哪些主体的信息需要记录？哪些信息需要记录？哪些信息可以记录？由谁来记录信息？记录信息的方法是什么？总结起来就是信息集记录的主体、客体、范围、方式方法等。这些问题随着经济社会不断发展变化，答案也会有所不同。信息记录保存由个人化转向社会化、市场化。在传统的熟人社会，由于人们活动范围小、接触人员少，不同主体相互之间信息知道得比较全面，过往信息凭借口口相传及个人脑海记忆就能够实现较好记录保存的效果。但是，随着社会进步和发展，由熟人社会转到现代匿名社会，人们的活动范围得到极大的扩展、接触人员变得十分广泛，随着信息技术的发展很多交流甚至是无见面接触，过往信息记录保存的复杂程度大增，信息记录保存方法则出现多样化，出现了专门从事记录保存过往信息的机构，再也无法凭借个体记忆就能实现很好的记录保存效果。

二是过往的行为信息能与现在、以后的行为建立关联机制。除了信息被记录保存外，还需要建立信用与现在、以后信息的关联机制。顾名思义，也就是信用对现在、未来的行为能够产生什么影响。关联影响机制可以是直接映射关系，如有某某记录就可以做什么或者不可以做什么；也可以是复杂的影响，如市场经济中常用的信用评级，根据信用主体的过往信息综合性评价对主体后续行为产生影响，并不是一一对应的关系。信用的记录保存方式、内容等也会对建立什么样的关联机制有重要的影响。过往信息与以后行为的关联机制也由自主决策为主转向更多地借助于外界条件。在熟人社会当中，由于活动范围小、接触人员少，小范围内群体内信息互通性高，个人可以根据自己掌握的周围人员的信息作出绝大多数行为决策，关联机制作用范围小，在较小范围内限制或拒绝与失信主体的各种交往即可，会自发形成一定的激励约束机制。但是，匿名社会信用主体间的信息透明度低，单人掌握的信息量已经无法支撑其作出有效的抉择，必须依靠专业化的中介机构，需要在更大范围内限制或拒绝与失信者的交往，关联机制的复杂程度大大增加。需要注意概念的严谨与实际操作中的差距。虽然信用已有明确的定义，但是由于信用含义十分广泛，在实践操作中面对的是纷繁复杂的各类信用信息，在记录的时候难以全部囊括，而且也不是所有信息都需要用来作为参考，还需要考虑实际情况。正是由于实践操作的复杂性导致社会信用体系建设招致了诸多批评。

第二节　国内外对信用的理解差异

信用是信用主体在社会和经济活动中履行约定义务的状态，体现的是信用主体间的社会关系。约定义务涉及了经济社会生活的多个方面，须以更广泛的视角来看待信用，通过对比国内外对信用的差异来更好地理解信用的实质。

一、国内外对信用理解的差异

国内信用具有经济和道德等多重属性，不仅是从经济角度来看，还是道德角度来看，信用的含义都更为丰富。而国外对信用的理解主要从经济角度来看，中国对信用词义解释很多元化，除了经济学概念，更多地侧重于社会学的概念。古人所使用的"信"的含义是多元的，兼有信用、信任、信赖、信心、诚信及信仰等不同侧面的意蕴。据统计，"信"在《论语》中出现38次，在《孟子》中出现30次。例如，《论语·学而》中的"人而无信，不知其可"；《论语·颜渊》中的"自古皆有死，民无信不立"；《吕氏春秋》中的"夫可与为始，可与为终，可与尊通，可与卑穷者，其惟信乎!"。《现代汉语词典（第 7 版）》对于"信用"有四种解释：一是能够履行跟人约定的事情而取得的信任；二是不需要提供物资保证，可以按时偿付的；三是指银行借贷或商业上的赊销、赊物；四是指信任并任用。《辞海》对信用也是三种解释：一是信任使用；二是遵守诺言，实践成约，从而取得别人的信任；三是价值运动的特殊形式。《中国大百科全书》认为信用指借贷活动，以偿还为条件的价值运动的特殊形式。

国外对信用的解释侧重从经济角度来看。在英美法系中，信用对应的语词为 credit，《新帕尔格雷夫经济大辞典》对"信用"的解释是：提供信贷（credit）意味着把对某物（如一笔钱）的财产权给以让渡，以交换在将来的某一特定时刻对另外的物品（如另外一部分钱）的所有权。《牛津法律大辞典》对信用（credit）的解释是指在得到或提供货物或服务后并不立即而是允诺在将来付给报酬。《布莱克法律辞典》对"信用"的解释：一是商家或个人贷款或取得货物的"能力"（ability）；二是债权人赋予债务人延期支付的"权利"（right）。但在古罗马，与信用相关词语侧重从道德层面来看。与信用相对应的拉丁语是 fides 及 bona fides。前者有信任、诚实之义，后者则常被译为"诚实信用"。

学者对关于国内外对信用的含义差异进行了解释，认为发展阶段差异，社会面临的主要问题不同是导致观点不同的主要原因。韩家平（2018）认为西方国家所谓的信用体系主要是围绕着经济交易和金融活动展开的，其实质就是信用交易风险管理体系。之所以如此，是因为西方发达国家经过长期的法治建设和道德建设，包括各种各样的机制建设，目前其社会诚信缺失问题已经基本解决，信用建设主要面临着信用交易风险问题。

二、信用的整体性与分散性解释

（一）中国纵向理解：整体性

中国对信用的理解属于纵向思维，由小到大，从一点出发辐射到更大范围内，包含经济、道德等多重含义。从中文词义上看，信用可解释为能够履行跟人约定的事情而取得的信任，不需要提供物资保证可以按时偿付，银行借贷或商业上的赊销、赊物等条目，包含了遵守诺言、实践成约、价值运动、信任、信赖、信心、诚信、信仰等方面的内容，含义是多元化的，文化意蕴丰富。从中文词义对"信"的解释可以看出，其含义连接了个人品德修养、人际关系、国家治理和社会管理、天下大同等方面的内容，也即"修身、齐家、治国、平天下"的大格局。可以看出，我国当前社会信用体系建设的目的与此格局是一脉相承的。中国从"信"起步，按照"个体、关系、群体、国家"由小到大逐步扩展，形成一条关于"信"的主线。在这个思路下，信用对应的是政府及市场的行为，诚信对应的是个人道德诉求，信任对应的是社会关系，信誉对应的是组织或者公共关系。

不难看出，以上分析框架是建立在这样一种假定之上的：如果每个人都能做到诚实守信，那么人与人之间的交往将以诚信作为基本原则，扩散到整个社会就会产生整体上的社会信任，整个国家信用运行的状态将会处于好的状态。当将信用、诚信、信任看作一个连续性关系后，关于社会上所指信用方面的危机就可以分清楚了，诚信危机指的是道德滑坡，信任危机指的是社会关系恶化，信用危机则主要是社会运行体制机制存在问题。从当前国内外对社会信用体系建设的各种批评来看，往往没有将三种危机混淆使用。重要原因在于中国对"信"的理解可以看成建立在乡土社会背景上的，在熟人社会间大致发挥作用。但是，一百多年来，我国社会经历了剧烈的变迁，特别是新中国成立和改革开放以来，我国迅速推进城镇化和工业化进程破坏了传统的熟人社会结构，在此基础上建立的社会信任网络也随之被破坏，人与人之间的交往往往是陌生的，由熟人社会进入匿名社会，传统的"个体诚信—社会信任—信用良好"传导机制作用失灵，然而适应新的经济社会结构的信用机制还没有产生，我们正处于旧机制已打破、新机制还未建立的空档期，导致社会信用水平低下，诚信意识不强。

（二）国外横向理解：分散性

西方理论关于信用问题的解决思路是分散在不同学科中，在各自学科中给出内生性的答案。例如，经济学以理性人为基本假设，个人追求自身利益最大化，认为个体信用行为受利益驱使，是理性选择的结果。信息对称、交易成本、奖惩措施等都会影响到个体的行为，因此需要建立有效的信息传递机制甄别信息，降低经济社会信息不对称程度，以各种信用制度来加大投机者成本，减少投机行为。伦理学家则认为信用属于伦理道德问题，个体的信用行为受到道德约束。他们指出信用在经济社会中具有重要的作用，将此作为道德品质确立合法性的基础，可通过宣传教化提升社会成员的道德品质。政治学家则认为，由于政府是规则的制定者和博弈者，在某些领域相对民众来说处于优势地位，政府失信可能性较大，因此需要发展社会团体为第三方力量，在一定程度上影响、制约、抗衡政府行为。社会学家则认为，信用行为受文化和社会结构的影响与制约信用危机更多的是来自社会结构的变迁或断裂而产生的"失范"现象，因此提倡文化建设与社会结构的改变与完善。

（三）信用理解混乱的原因剖析

一是中国语境下信用作为整体性、连续性概念，分散性讨论造成认识混乱。信用是一个多学科均有涉及的概念，各个学科讨论的侧重点也各不相同。因此，西方学术不倾向于在大范围内讨论信用相关的问题，而是在各自学科范围内对信用及相关问题进行深入研究。这对于西方文化语境下及现实生活是相匹配的。但是，由于中西方文化语境不同，中国信用问题的复杂性在于如果简单套用西方对于信用问题的分析方法，也就意味着要拆分整体性、连续性的信用概念，只能在各自学科范围内进行研究分析。在"整体性概念＋分散性讨论"结合的情况下，更应该注意对讨论的内容的相关概念进行严格限定，但是现实却是诸多学者在研究信用相关问题时没有限定不清，概念上的模糊性和使用上的随便性，导致虽然研究信用问题较多，但是大家对讨论的是不是同一个问题、讨论的目的是否一致存疑。借用西方相关学术做法，信用及相关研究大多在同一学科内部或者一个相对封闭的学术共同体中进行，信用相关概念即使不定义、不区分似乎也不存在交流上的障碍。加上中文语境下的信用含义广泛，这种相对封闭的、各说各话的讨论模式更加重了社会各界对信用的混乱认识。这种混乱也传递至政策层面，部分地方政府对信用的理解也存在无序扩大的现象，将部门工作也装上信用的外衣，将理论探讨与实际应用混在一起。

二是信用研究存在一定程度的理论与现实脱节。中国在信用方面存在一些问题，特别是随着社会信用体系建设不断推进出现的信用泛化现象，虽然与经济、社会、文化、心理及体制等方面的现实因素有关，但也与学术界没有很好回应这个问题有关。一个多世纪以来，我国政治、经济体制发生了前所未有的变化，特别是改革开放以来，我国经济保持高速增长，这样的发展历程在世界历史进程中也是很少见的。虽然，有部分研究对这种变化有所涉及，考虑到经济社会巨大变化带来的影响，但这种借鉴西方国家分散式讨论模式建立在西方社会背景之上的，暗含了西方学术概念的引进、学科划分和分析框架。西方发达国家经过长期的法治建设和道德建设，社会诚信缺失问题已得到解决，信用建设主要面临着信用经济层面的交易风险问题。在经济层面的交易风险之外，信用涉及的领域只需小范围地修补即可。我国在经济领域和道德领域均存在一些问题，中外发展阶段的差异导致其分析框架不适合中国。分散式研究模式在信用问题较为严重的情况下，因为不同学科研究内容和研究视角的差异，还容易出现"连环套"的现象。信用概念不清，信用法律法规缺失，有法不依、执法不严、道德滑坡、信任危机等相互之间会产生纠葛。

第三节　失信的界定

从现有研究来看，虽然对于失信的界定较为明晰，但由于信用的含义广泛，不同人的理解会有较大差异，特别是对具体失信行为认定缺乏明确的标准，这也是社会信用体系建设招致批评的重要原因。

一、失信词义解释

失信即违背诚实信用原则的行为。信用作为中性词，与其对应的褒义词是"守信"，贬义词是"失信"。《辞海》将失信解释为"背约，不守信用"，失信就是违反诚实信用原则的行为，有学者指出失信就是当事人违反诚实信用原则，恶意追求自身利益的最大化，而置他人利益于不顾的行为与现象。世界信用组织信用标准委员会发布的《ICE8000 国际信用标准体系——失信行为及责任归属鉴定标准》也提出，"失信行为是指违反诚信原则的行为，即在没有正当事由的前提下，损害他人正当权益，且事后不积极补救"。

失信概念界定较为清晰，但由于信用含义广泛导致在理解失信一词时会有不同观点，主要分歧点在于违法违规行为是否属于失信。例如，有观点认为违约是失信，违法亦可以为失信，理由是"法律是社会的最大公约数，是民众公共选择的结果，也是一份公民应当共同信守的契约"。还有学者将失信行为分为客观型和主观型两类，客观型包括能力变故型和条件变故型两种，要么是履约能力的丧失导致失信，要么是对方失信在先导致的失信；主观型则分为草率型（轻率许诺导致不能践约）、故意型（有能力但故意不践约）和欺骗型（无能力但欺骗对方达成约定）三种。针对以上人士，有学者亦指出在履行义务时，无论是有心无力，还是有力无心，或者无心亦无力，均属于失信行为，须一体记载。罗欢平（2020）也认为要想完全理解失信一词，在界定时还应明确以下两个方面：一方面，认定失信不应强调主观意愿，失信是一种客观认定，只要没有按约定或承诺行事，不管行为人是因为无力践约还是有意不践约，都应构成失信；另一方面，将符合一定条件的违法行为纳入失信惩戒的范畴。"守法是守信者的底线要求"，但并非所有的违法行为都需要纳入失信惩戒的范畴。有学者指出"哪些违法或者违约行为必须被纳入信用记载的范围，则取决于立法者的价值选择"，对此，他认为违法行为纳入失信应有较为具体的标准，而不是完全由相关的规则制定者自行抉择。

二、失信的文件认定

从已出台的文件可以看出，对于失信行为的规定可以概括为市场主体违反法律法规，违背诚实守信的原则，对其信用状况产生负面影响的违法、违规和违约的行为。根据对多份相关规范性文件、各省份社会信用条例和公共信用信息管理办法的整理分析，对失信的概念界定分为以下几种情况。

（一）直接对失信行为进行界定

直接对失信行为进行界定的文件主要有：《贵州省企业失信行为联合惩戒实施办法（试行）》《黑龙江省企业失信行为联合惩戒实施办法（暂行）》《海南省企业失信行为联合惩戒暂行办法》和《湖北省企业失信行为联合惩戒办法（试行）》。其中，《贵州省企业失信行为联合惩戒实施办法（试行）》和《黑龙江省企业失信行为联合惩戒实施办法（暂行）》将失信行为界定为各级国家机关（或行政机关）依法认定"形成失信记录"的行为，但并未进一步对"形成失信记录"进行界定。《海南省企业失信行为联合惩戒暂行办法》将失信行为界定为有关部门和组织依法认定的"对企业信用状况构成负面影响的不守信用的行为"。而《湖北省企业失信行为联合惩戒办法（试行）》将失信行为界定为有关组织认定的各种"违法、违规、违约"行为。

部分规范性文件没有界定失信行为，但界定了失信信息或不良信息，均强调失信信息或不良信息是对有关主体的信用状况起"负面消极作用"（如《杭州市社会法人守信激励和失信惩戒管理办法》）、"负面作用"（如《浙江省企业信用联合奖惩实施办法（试行）》）或构成"负面影响"（如《浙江省公共信用信息管理条例》）的信息或记录。而《江苏省社会法人失信惩戒办法（试行）》则特别强调了失信信息是关于有关主体的"违法、违约行为"的信息。

（二）清单化失信行为

众多联合惩戒备忘录中，大部分的备忘录都是直接列举应被联合惩戒的具体行为，但也有部分备忘录（如《关于对公共资源交易领域严重失信主体开展联合惩戒的备忘录》《关于对家政服务领域相关失信责任主体实施联合惩戒的合作备忘录》《失信企业协同监管和联合惩戒合作备忘录》等）在列举具体行为前进行了概括性的限定，特别强调受惩戒的是"违反法律法规，违背诚实信用原则"的行为。

（三）应惩戒的失信确定标准

现有研究普遍认为失信是一种违法、违约的客观状态，然而由于失信行为太多，如闯红灯、遛狗不牵狗绳、个人非法开专车、不回家看望父母亲、报名考试却不实际参加等行为，要么不遵守承诺，要么违反法律法规的规定，是否都应被纳入失信惩戒机制成为被惩戒对象？这样一来会不会因此导致人人一处失信，处处受限？罗欢平（2020）认为应区分失信和应惩戒之失信，即认定构成失信的行为并非一定是应受联合惩戒的行为，应惩戒之失信应满足一定的条件。首先，行为主体必须是完全民事行为能力人；其次，行为主体做出行为时主观上应有过错；再次，失信行为应达到一定的严重程度；最后，接受失信联合惩戒的违法行为，应属于正常法律责任"失灵"或对行为人的信用产生负面影响的行为。

2 Chapter

第二章
社会信用体系的概念及理解

社会信用体系建设被赋予了增强社会治理能力、升级治理模式的重要路径。尽管制度实践开展时间不算长，但实践已走在了理论之前。应从问题导向、基础工具角度看待社会信用体系认识，属于将"无形之筐"转换到"有形之筐"，社会信用体系建设与传统手段的区别可从其与道德、法律、管理等方面认识，对于"泛化信用"应该辩证看待。

第一节　社会信用体系的定义

现有研究指出社会信用体系属于中国特有的，社会信用概念已经突破传统经济范畴，扩展到了道德伦理、社会治理的范畴，对于社会信用体系作用的认识也经历了一个由浅入深的过程。

一、社会信用体系的概念

国外学术界很少使用信用体系一词，国内文献资料通常将信用体系视作一个约定俗成、不言自明的概念，而明确界定其内涵并深入探讨理论依据的文献较少。在很多文章中只能依靠上下文知道信用体系的含义，主要可以分为以下几种意见。

第一，将信用理解为具有社会学和经济学双重意义的范畴，而后比照成熟国家的实践提出信用体系的概念。如陈文玲（2003）将信用体系归纳为七个体系和一个机制，七个体系包括健全的信用相关的法律法规体系、信用数据的技术支撑体系、现代信用服务体系、对信用产品有强大需求的市场体系、企业的信用管理体系、政府监管体系、诚信教育体系；一个机制是惩戒机制。韩家平（2003）认为信用体系至少包含以下几个方面：一是良好的信用文化、信用教育和信用管理；二是完善的信用立法和失信惩罚机制；三是公共信用信息的开放与使用；四是政府对信用交易和信用行业的高效监管、市场化运作的信用中介机构和行业自律组织。关建中（2016）认为社会信用体系是由每个社会成员信用行为链接起来的社会信用关系集合，是一种存在于社会内部的运行秩序，具有社会性、系统性及数字化等特性。其中，信用信息是社会成员对社会管理规则和道义准则遵守的行为信息，全面、真实、专业、规范、及时、可持续地掌握社会成员的信用信息是进行社会信用管理的基石。

第二，把信用的含义限定在经济学意义上并提出概念。董辅礽（2003）认为信用体系的核心是市场主体必须遵守的市场基本规则、法律规范，还包括各种信用工具、手段以及提供信用服务的中介机构。张军扩等（2005）指出社会信用体系有广义和狭义之分，广义的社会信用体系包括了信用的投放、信用风险的管理和分散、信用信息的服务及对失信行为的惩戒与信用交易有关的四个主要环节的制度安排；狭义的社会信用体系主要是指与信用信息服务活动有关的征信活动及信用评级活动。还有学者认为信用体系是各种信用形式的集合，如社会信用体系包括企业信用、商业信用、银行信用、个人信用，或者信用体系就是个人信用、企业信用和国家信用。程民选（2010）认为狭义的社会信用体系主要是指与信用信息服务活动有关的体制框架和体系，主要包括征信活动和信用评级活动，与国际通行的征信一致，其实质是以信用信息的收集、处理与传播为主要手段的、对失信者的社会惩戒机制，适应了近代以来伴随工业革命的产生和西方社会巨大的历史性变迁，适应匿名社会信用信息需求的产物。

第三，强调信用体系中的制度因素，将信用制度作为信用体系的主干。高正平（2002）认为建立社会信用体系不能单纯地建立在诚实守信的道德规范上，更重要的是要建立对市场主体之间的信用关系管理的整套法律、法规、准则、制度和有效的信用市场形式。社会信用体系包括国际上通用的征信系统，但实际上又超越了这个范围。杨胜刚（2019）认为社会信用体系建设旨在建立健全从内到外双向引导、规范主体诚实守信的一套完备机制，其实质是倡导诚信规范，其内核是契约精神。契约精神是一种贯穿于契约活动和契约关系中的思想价值观念，包括自由平等、诚信互利、权责对等，对信用活动起着重要的支撑作用，是信用的重要精神保障。契约在上升到契约精神之前，它的主要力量来自背后的法律保障。随着经济和社会的迅速发展，契约精神不仅存在于经济交易活动中，而且还被贯彻到政治生活和社会生活当中，社会信用体系的建设更是离不开契约精神的核心引导。

第四，信用体系就是信用管理体系和信用评估体系，或者将征信系统作为信用体系的核心。部分学者认为征信系统实际上就是信用管理体系，因而也有人把信用体系等同于信用管理体系。林钧跃（2012）指出从发达国家相关市场实践的狭义角度看，社会信用体系更像是在建设"大征信体系"，只是中国将征信体系及其适合它运行的市场软环境一起建设，这样做能够提高建设征信体系的速度，并能提高征信系统的运行效率。不少人认为征信问题是信用体系研究中最活跃的部分，基础性和对策性研究大多集中在征信领域。

二、对社会信用体系认识的变化

对社会信用体系的认识从信用工具投放逐渐深化到提高全社会诚信意识和信用水平的逐渐深化的过程。林钧跃（2014）指出社会信用体系理论诞生于1999年，当时理论界对社会信用体系的认识是相对狭义的，主要关注保障信用经济发展的征信体系及信用工具的市场投放问题。至于对国际上的疑问，则解释说社会信用体系是"征信体系及其运行软环境一起建设"的模式。随着社会信用体系建设逐步推进、影响逐步增加，对其作用的认识也更加丰富深刻。《社会信用体系建设规划纲要（2014—2020 年）》指出社会信用体系是社会主义市场经济体制和社会治理体制的重要组成部分，以树立诚信文化理念、弘扬诚信传统美德为内在要求，以守信激励和失信约束为奖惩机制，目的是提高全社会的诚信意识和信用水平。林钧跃（2020）认为社会信用体系本质是由征信系统支撑的信用风险管理工具，"失信惩戒机制"和"诚信道德重塑"是社会信用体系的基本功能，其中诚信道德重塑包含两项主要内容：一是以诚信道德建设为切入点的"社会道德重建"；二是与信用经济环境相匹配的"商业伦理"。

第二节　对社会信用体系的理解和认识

在已然铺开的制度实践面前，讨论"信用""诚信"或"社会信用"的概念含义或者说应该包含哪些内容确有必要，但更重要的是我们应该抓住社会信用体系建设的实质，从社会治理基础工具角度来看待它是什么、为什么、会怎样，可能更有意义。

一、社会信用体系建设是问题导向的结果

失信问题在较短时期内集中爆发，问题呈现复合型特征。中国出现的失信问题不仅是单一的经济金融领域，而是涉及政治、经济、文化、教育等各个领域。这些问题在西方发达国家通过长时间交替解决，而我国在经济领域快速发展的同时，失信相关问题在较短时间内集中爆发，对处于经济社会运行造成了巨大压力。

改革开放之后我国逐渐从计划经济转向市场经济，经济社会各方面结构出现了巨大变化。我国经济呈现出高速增长，但也伴随着一系列经济乱象，经济领域失信问题频频发生。社会信用体系出现伊始针对的是市场经

济发展之初逃款、假冒、坑蒙拐骗等经济领域的问题。随着我国经济快速发展及改革推进，经济运行乱象已经逐渐影响渗透到了社会领域，社会诚信水平大幅下降。随着改革带来的一些信用乱象已经使中国社会整体运行受到了严重的影响，迫切需要扭转这种社会诚信和信用水平的下滑趋势，治理呼声日渐强烈。经济乱象、诚信水平下降等问题反映的是社会上综合性的问题，这些问题又共同映射到信用这一个含义十分广泛的词语上，从而对信用的需求更多体现出复合型要求。

信用运行模式在改革前后差异巨大，需根据中国实际情况探索出适合自己的模式。而中国在改革开放之前基本靠熟人社会模式运行，在计划经济下过往信息的保存记录及与未来行为的关联机制都比较简单。但是，改革开放后经济体制在较短时间内发生了巨大变革，熟人社会特征在较短时间内转向匿名社会特征。信用记录保存和关联机制都没有跟上，不适应新的经济社会特征。从中国及国外发展历史都可以看出，信用记录保存和关联机制需要一个较长的过程才能较好地适应经济社会发展需要，无论是处于奴隶制和封建制转换期间孔子"礼崩乐坏"的感慨，还是美国、英国等发达国家建立信用相关机制的长期性都从不同方面很好地说明了这个问题。

中西方发展情况差异决定我国社会信用体系建设需选择性吸收西方信用作用机制。西方国家可吸收的部分主要体现在信用如何在防范化解经济金融领域问题的作用，他们经过多年探索已经形成了较为成熟的体系。但是，需要注意西方发达国家适应其市场经济制度的信用方面制度是在经济社会结构变化多年后才慢慢发端，又经历了多年后才逐渐建立起适应当今经济社会结构的信用制度，具有较高的社会信用水平和诚信意识社会，是通过渐进式、自发式发展起来的。这种发展情况属于连续式的，信用作用的方式始终与经济社会运行模式有着紧密的契合，信用作用方式始终能起到较好的作用，经济领域特别是社会诚信领域没有出现非常严重的问题。而我国经济社会结构在短期内发生了巨大变革，属于突发式，经济社会运行的模式前后发生了巨变，新的信用作用方式还没有有效建立起来，旧的信用作用方式已经逐渐失效，导致全社会出现较为严重的信用问题，诚信缺失现象较为严重。因此，我国社会信用体系建设不可能按照西方发达国家模式发展，应探索出一条符合中国社会特色的社会信用体系建设模式。

对社会信用体系建设要保持耐心、定力。现有研究对信用的认识大致可以从经济学和道德层面来看待，国外对信用主要从经济方面来看待，我国对信用认识经历了由主要从道德层面看待到道德与经济两个层面兼具，我国信用含义广泛。我国社会信用体系建设的目的在于提高全社会的诚信意识和信用水平，目标不仅局限于经济层面，也包含社会道德诉求。正是因为我国社会信用体系建设的多目标，再加上实际操作层面的一些问题，导致了国内外对社会信用体系建设有一些非议和误解。多目的本身没有问题，但是这需要一个较长的过程。美国信用方面建设主要集中在经济领域，从19世纪四五十年代开始，而系统性的法律法规直到20世纪七八十年代才开始出台与完善，中间经历了100多年，很多争议在不断发展中解决。而我国社会信用体系最早于1999年提出，由经济领域开始，扩展到社会领域还不到20年。包括经济和道德等多层面的诉求，建设要求更高、难度更大。现在有的一些争论和批评都是正常的现象，对照问题做一些改进完善即可。

二、从基础工具利用角度看待社会信用体系

社会信用体系是社会主义市场经济体制和社会治理体制的重要组成部分。它以法律、法规、标准和契约为依据，以健全覆盖社会成员的信用记录和信用基础设施网络为基础，以信用信息合规应用和信用服务体系为支撑，以树立诚信文化理念、弘扬诚信传统美德为内在要求，以守信激励和失信约束为奖惩机制，目的是提高全社会的诚信意识和信用水平。

可以看出社会信用体系被赋予了很高地位，其实质在于通过一系列制度，将信用主体的过往信息合规合理地对信用主体未来行为产生影响的系统化安排。信用本身是一个含义十分广泛的概念，在中文语境下几乎可以涵盖经济社会生活的方方面面，由此扩展出来的社会信用体系更为复杂，必然会给社会公共理解带来不少障碍和争议，引起也会给各类主体在使用

时带来诸多不便。因此，如何正确看待社会信用体系将显得更加重要。为便于理解，同时也不失社会信用体系建设实质，将社会信用体系理解为加强经济社会治理的一项基础工具、基础手段，是"催化剂""加速器"，能加强现有治理手段的效果。社会信用体系并不能构成一种独立的经济社会管理工具，需要与现有治理工具结合才能更好地发挥作用，为现有社会管理工具提供支撑和服务，发挥了"催化剂""加速器"的作用。对于社会信用体系基础性工具需要有充分的认识。其中重要的一点就是，各部门借助社会信用体系提供的信用主体信息及相关合作机制，为本部门相关业务操作、管理手段提供帮助，以期达到加强协同治理的效果。但是也需要防止相关部门借社会信用体系建设之机将自身业务披上信用的外衣。

三、社会信用体系

目前，对我国推进的社会信用体系建设存在诸多争议，"信用是个筐，什么都往里面装"，借此加强对社会成员的监控等声音不绝于耳。但需要注意的是信用含义广泛，本来就没有一个很清晰的边界，差别在于之前信用是个"无形之筐"，相关内容散落在各学科讨论的范围之内和日常生产生活的方方面面。在社会信用体系概念提出之后，相当于是用"有形之筐"将相关内容聚集在一起。

从"无形之筐"到"有形之筐"属于建立符合我国经济社会发展需要的新的记录保存机制及后续关联机制的必然经过。随着信用相关内容由"无形之筐"到"有形之筐"，且所含内容逐渐增多，引起的批评也日渐增多：社会民众担忧记录保存的信用主体过往信息跟未来行动的映射关系是否恰当；政府力推社会信用体系建设，也引起过多信息汇聚是否会加强政府对民众控制的担忧等。社会信用体系建设的理想状态是"守信者一路畅通，失信者寸步难行"，但是由"无形之筐"到"有形之筐"，信用从松散地存在到汇聚在一起，属于对每个社会成员都有影响的重大的变化措施，引起较多的关注与讨论也属正常。记录保存和关联机制一直处于探索之中，需考虑到国内外情况的差异。虽然国外侧重于金融领域信用的相关记录和关联机制相对完善，可为我国社会信用体系建设提供参考，但是还应当考虑国内外对信用理解的差异。我国从纵向理解信用，由小到大，从个体诚实守信到整个社会信用度的提升，而国外则呈现出横向分散性，这与其渐进式发展历程相关。虽然不同思维方式整合在一起都是信用全体，但由于出发点的不同导致实现高信用度社会的路径也会存在差异。国外经过一百多年才逐步建立起来的相关机制，我国要达到类似目的，而且涵盖的范围更广，建立适宜的机制需要较长的时间探索。在这个过程中产生的担忧可以理解，招致的批评也可以接受。现在去批评"箩筐"本身是一个"箩筐"的实际意义不大，更需要关注的是这个"有形之筐"装下东西之后能否更加结实，怎样更有效发挥作用。对于社会公众的一些批评和担忧，可以看作改进这个"箩筐"的一些建议。

第三节　社会信用体系建设与传统方法的区别

社会信用体系建设作为近 20 年来提出的新事物，与传统存在的相关事务有较大的区别，大致可以从与征信、道德、法律、传统管理办法的区别等方面入手。

一、社会信用体系建设与道德的关系

守信激励和失信惩戒正是道德公正的表现，社会信用体系发挥作用离不开道德支持，社会诚信问题解决还需要上升到政府保障和提高民生治理的社会管理中，提高制度权威和实效。程民选（2010）指出在一个诚信普遍缺失的社会，很难设想信用能够维系，信用必须以诚信作为伦理道德的基础。诚信缺失，则信用关系难以建立，信用秩序必将混乱。王淑芹（2015）认为现代社会的诚信制度建设既需要在借鉴西方社会信用制度体系的基础上，制定出适合中国文化传统和国情需要的合理制度，也需要培养公民的道德感和道德权利，夯实道德基础，为社会诚信制度的有效运行

提供道德主体的保障。她指出虽然社会诚信制度运行的道德基础问题，尤其是公民道德感和道德权利为诚信制度运行提供的动力支持问题，还没有引起学界的广泛关注和探讨，但它却是社会诚信制度建设中一个值得深入研究的理论与实践问题。王淑芹（2013）认为社会诚信的严重缺失不仅关系到个人品行的道德问题，也关乎民生、制度和信仰等社会管理问题，不合理的制度以及制度不能有效发挥作用，都会诱发不诚信行为。例如，制度不管用，缺乏权威，即使制定再多、再健全也无济于事。只有当制度有信用，人有信念和信仰，社会充满信任，诚信的社会才能到来。

道德只有在满足相关法律情况下才能进入社会信用体系建设中去。罗培新（2018）认为曾有政协委员提议，给每个公民建立一份道德档案，以使大家"知耻"，一石激起千层浪，此番各地掀起的信用立法，再一次提出了道德是否应当入法以及如何入法的问题。一般而言，立法应当着力避免陷入道德档案的陷阱。在社会治理中，法律系统与道德系统担负的功能判然，法律与道德在确定性、可操作性及被滥用的可能性等方面存在差别，由于道德规范的一系列缺点，使其无法担负起调整社会、确定预期和保障人际沟通的功能，所以各国普遍的做法是以法律而不是道德作为治理社会的基础规则。此番信用立法，着意于建立信用法律制度，切忌建成公民道德档案。但是道德要素在满足"以德入法"的条件下可以进入法律，也就是说必须以产生法定或者约定义务为前提。例如，"诈捐"问题因"以德入法"而带来信用问题，拒不看望老人并非停留于道德层面的要求，而是《老年人权益保障法》确定的法定义务。被记入信用不良名单，其触发点在于不履行生效判决这一违法行为，当然会产生信用问题。

二、社会信用体系建设与法律的关系

社会信用体系建设与法律关系的争论可以分为从合法性与实施主体两个角度来看，主要有社会信用体系实施手段的合法性问题与部门传统监管手段的关系以及可能带来新的寻租等违法问题。

对重点领域和严重失信行为进行信息公示或共享以及实施联合惩戒措

施侵犯了相关主体的个人隐私，违背了行政法上的"一事不再罚"违反基本的法律原则。万存知（2020）认为依法使违法违规者付出应有的成本代价是人类社会的法治遗产，虽然失信联合惩戒机制让违法违规者在很多方面的活动都将受到限制或禁止，达到"一处失信，处处受限，寸步难行"的效果，但违背了古今中外"一事不二罚"的基本法治精神，即使是刑满释放人员，社会也应为其提供再生的机会。但是，也有专家对此提出不同观点，对于"一事不二罚"原则进行了细致的剖析，黑名单制度的实施是制约失信行为的必然举措。石新中（2017）认为根据《中华人民共和国行政处罚法》的规定及一事不再罚原则的宗旨，"不再罚"指行政主体对当事人的同一个违法行为，不得给予两次以上同类（罚款）的行政处罚。它不包括在一次处罚中给予行为人两种以上的处罚。若行为人的同一违法行为触犯两个以上的法律规范，各有权处罚机关可同时给予行为处罚或其他不同种类的处罚。中国及世界各国对于虽然尚未带来实际危害后果，但对社会生活或社会安全具有切实危险的行为都是给予立法规制的，由全社会各相关主体采取限制其市场准入等措施是符合社会公共利益的。为了避免对失信主体造成不成比例的损害，在对失信行为进行惩戒时要遵循两个原则：相关性和相当性。在美国，当一家企业因违法被某一政府部门列入黑名单之后，其他政府部门也会共享这一信息，并在本部门的相关业务中给予其相应的限制。

信用立法迟缓造成社会信用体系建设工作面临诸多障碍，对社会信用立法的目标、应该解决什么重大问题仍存在诸多争议，有观点则认为没有信用立法的必要性。林钧跃（2020）指出社会信用体系中一些举措出台缺乏对现行法律限制的应对之策。信用立法和修法工作滞后，无形中增加了社会信用立法在内容范围、技术处理和组织协调方面的难度，致使法律界的质疑和反对声颇高。王伟（2018）指出基于诚实守信的基本价值观和社会共识，屡屡违法失信的人必将因其不当行为而受到社会的鄙视，付出沉重的代价，很多国家和地区在涉及重大社会公共利益的领域，都将黑名单制度作为一项重要的管理和惩戒措施。从法治建设的要求来看，制定统一的社会信用立法，统一黑名单法律规则，是信用建设基本方向和必然趋势。当前，司法机关实施黑名单制度的法律根据较为充分。罗培新（2018）指出需要审慎确立联动奖惩的依据。政府部门必须梳理法律法规和规范性文件确立的联合激励和惩戒事项。万存知（2020）认为与钱有关的债权债务信用问题已有各种专门的成熟的金融法规予以约束，而诚实守信道德观念有关的信用属于观念上的问题，古今中外只有加强教育的却没有加强立法约束的，政府信息服务已有国家颁布的《政府信息公开条例》予以规范，而公众对政府的信任根本无须立法。他认为当前最为急迫的是制定信用破产法（现有的《中华人民共和国企业破产法》是解决主体破产问题），一旦有了信用破产法，由政府部门实施联合惩戒的机制便失去了存在的必要，市场行为和自律行为都将以法律为依据受到严格约束，从而避免公权过度介入失信惩戒的法律风险。

社会信用体系建设可以作为法律的有益补充。石新中（2009）指出因适应市场交易规模的扩大和信息化发展的需要，传统的以个人权利为本位的民事法律制度已显露出其固有的缺陷，为保障正常的社会经济秩序，客观上要求对个人信息与公共信息之间做出新的界定，使市场主体的信用信息成为社会可以共享的公共信息。这就要求现代信用制度能够补正传统民事法律的不足，在事前调节、预防失信行为、激励市场主体守信积极性等方面发挥积极作用。现代信用法律制度的本质是将信用在现代社会所具有的社会意义合乎逻辑地运用社会化的思路去解决。王淑芹（2011）认为在现代市场经济社会，单纯的道德教育不足以形成良好的诚信社会，同样，单纯的法律惩治也不足以形成良好的诚信社会，唯有德法相济，使诚信既是德性，又是制度，还是资源，三者相得益彰，协调一致，这样良好的诚信社会才会真正实现。

三、社会信用体系建设与传统管理手段的关系

现有研究对社会信用体系建设与传统管理手段呈现出截然不同的两种观点：一种是与传统手段相互合作，使政府治理手段需更加多样有效；另一种是削弱原有监管治理方法。

社会信用体系建设让政府治理手段需更加多样有效，适应了政府职能转换、市场形势变化的需要。"放管服"改革实施，政府由管理型政府向服务型政府转变，对市场主体准入放松，监管重心后移，需要加强政府部门间联动、政府与企业社会间的协同性，社会信用体系建设契合了这种变化，顺应了政府职能转变和治理手段变化的需要。袁文瀚（2019）指出信用监管手段更加柔性、作用范围更广，能够确保行政义务的有效履行，使相对人在关联市场活动中"处处受限"，行政义务履行的效果往往大于行政强制执法的效果。谭中明（2005）指出信用监管能以较低的成本对已经发生的失信行为实施实质性打击，同时起到震慑作用，将失信动机消灭在萌芽状态。刘丽、滕德志（2018）认为传统监管方式效能有限、保姆式监管难以为继，有限的监管人力和低效的监管方式无法有效完成纷繁复杂的监管任务。张太航（2017）指出市场主体数量呈"井喷式"增长，且市场主体形式发生了重大变化，新产业、新业态、新模式层出不穷，互联网、大数据、云计算等已成为新的主体力量，靠传统的监管方式已经远远无法适应监管需要，加强信用监管成为破解市场主体的无限增长与有限的行政管理资源矛盾的需要。

社会信用体系建设可能会损害相关部门权威性和公信力，原有监管治理方法效果会有所削弱，且不利于市场经济发展。万存知（2020）认为只有法院和警察可依法限制人身自由外，若由法院和警察以外的机关单位与组织，则相应降低了法院和警察部门的"最终"权威性。政府部门或其委托机构制定"红黑名单"的认定标准并实施，有可能形成新的设租和寻租，这些做法表面上有助于政府部门的管控，但实际上不利于市场经济的发展。根据局部少量信息以偏概全的个人信用分可能出现同一个人在不同城市可能有不同信用分，损害政府的公信力。"红名单"看起来是表彰诚实守信，但诚实守信是公民和社会组织的法定义务，这种流于普惠性的表彰，断无实施的必要。"黑名单"在实施上，谁负责拉黑、谁监督"洗黑漂白"、让其黑多久，诸如此类的问题在操作上难有统一的标准，有可能对很多个人或组织形成伤害。"白名单"立足于自动申请承诺，但没有任何机制要求保证申请材料的真实性，也没有任何机制确保承诺的严肃性。万存知（2020）还指出应该深思建设一个大一统的信息平台的必要性。由于各个部门和各个地方的信息属性不同、性质不同、用途不同、收集和提供服务的规则不同，若将它们统一集中在一个所谓的综合性平台上，用一部法律进行规范，必然张冠李戴、顾此失彼。若是将同一种信息放在这个集中的平台上，则政务信息服务已有《政府信息公开条例》，民事交易或商务信息服务已有《征信业管理条例》，难道要把两者综合为社会信用法？

中国特色社会信用体系或征信体系。信用与一国经济、社会、文化、发展历程等方面息息相关，对信用的理解会存在差异，对社会信用体系应该有什么样的定位与目标也会有不同看法，甚至可能因为观点的差异性而招致批评。我们需要坚持自己的初心和使命，提高全社会的诚信意识和信用水平。我们的使命中提高信用水平与国际通行的征信体系建设目的一致，世界上多数发达国家拥有市场化的征信体系以商业化方式运行，支撑所在国的市场信用经济（也稍许会触及公民社会治理问题）。为了兼顾我国社会信用体系建设的目的和与国际接轨，建立中国特色社会信用体系（征信体系），可考虑整合调整现有的央行征信中心、全国信用信息共享平台、国家企业信用信息公示系统等。

四、对于"泛化信用"的认识

立足点的不同导致对社会信用体系建设深入推进的不同认识，社会上出现"泛化信用"的观点，争论的焦点在于该不该将守法纳入守信中去，同时对于"信用信息＋"或者说"泛化信用"的作用认识也存在较大区别。

部分观点认为"信用信息＋"模式实际上是征信的泛化，对经济社会治理有较多弊端。泛化信用、联合惩戒除了对公共部门有扩权意义以外，在社会治理、法治和信用建设上没有任何积极意义的，同时会弱化全社会对真正信用问题的治理，甚至会损害命运共同体战略。万存知（2020）认为"信用信息＋"模式是一些部门和一些地方为解决其行政司法管理和社会管理中的难题，不是充分利用现有征信服务，而是在本部门内尝试自建管理信息系统，并将其归为信用建设。实际上是公权的转换，即将行政司法机关监管的违法违规问题转换为信用问题，将政府信息公开转换为部门间统一平台上的信用信息共享，将行政司法机关分别执法的职能转换为部门之间的联合奖惩。汪路（2020）认为泛化信用的基础理论支持就是承认不承认守法状态是信用。他指出有扩权冲动和较大话语权部门的推动是泛化信用在中国蔚然成风的主要原因，相关现有牵头部门认定违法违规行为就是公共信用失信、强推各部门失信联合惩戒机制，这种做法很具中国特色。泛化信用，除了对公共部门有扩权意义以外，在社会治理、法治和信用建设上，是没有任何积极意义的。林钧跃（2020）也指出正是因为缺乏理论支持，以部际联席会议成员单位上报的监管或治理工作任务为导向制定规划造成社会信用体系建设在推进方向上出现偏差，几乎沦为成员单位的监管或管理工具。万存知（2020）指出金融具有综合性、全局性和社会性，能在金融范围内将信用问题特别是债务问题解决，那就意味着完成了一件惠及整个社会的大事。同时，金融之外人们所谓的信用问题，实质上是诚实守信的道德教育培育问题。至于现行各方面处置违法违规问题，它涉及行政司法部门履职担当作为问题，根本就不是信用问题。

但也有观点认为，对于"泛化信用"应该理性看待，需要肯定其合理性。林钧跃（2020）指出随着社会信用体系建设不断推进，出现"泛化信用"问题是不可避免的。所谓的泛化，是指把社会主体在社会和经济活动中遵守法律法规的状态（以下简称"守法状态"）归入信用、公共信用或社会信用的现象。这主要是由于社会信用体系建设没能遵循理论指导，混淆信用、诚信和文明等概念，建设失信惩戒机制的技术路线不清晰，无法区分"守法"和"信用"的界限，致使无底线泛化信用的不良局面出现，在国内外均造成不良影响。但是，仅从社会信用体系的公用角度看，在一个时期内将信用问题泛化有利有弊。允许"诚信"和"文明"搭社会信用体系建设的便车，在中国社会的道德重建方面意义深远。他还指出作为以体系形式存在的信用风险管理工具，社会信用体系的功能和作用范围是可以增加和缩减的。在其他市场经济国家，社会信用体系犹如一个特大号的智能征信系统，去解决各自的市场风险或社会规范问题，只不过体系的规则框架要适合"用户国家"的法律和社会制度，功能多寡也应根据"用户国家"的需求进行增减。因为无法协调出现的无奈，各级政府部门花费财政资金建设和运行社会信用体系，再建一个公共征信系统与中国人民银行征信系统同时运行。

需要辩证看待泛化信用。所谓泛化信用，大致可以归结为将信用延伸到道德层面及将对法律法规的遵守归纳到信用范畴，应该辩证地去看这种现象。泛化信用有其不利因素，任意扩大信用的外延会导致操作上的失败及政府权力的扩大化，但是从社会对信用的理解及所要达到的效果来看，如果将信用限定于一个很小的范围，将信用局限与个人、企业和部门在市场和金融方面的表现，则与中国社会及当期的现实状况不符，很难取得好的成效。因此，两者之间需要取得平衡，这需要在实践中不断摸索总结，而且还得考虑现有体系的建设情况。例如，金融信用信息基础数据库（央行征信体系）可认为是狭义的社会信用体系，也符合从经济学上对信用的理解。近年来，随着我国金融体系不断扩张完善，原有的数据库越来越无法适应发展形势的需要，数据库的广度和深度都需要增加，如央行二代个人征信相比第一代来说内容的丰富程度大大增加。央行征信系统扩张是系统完善还是征信泛化？按照现有的争论，恐怕难以给出一个明确的答案。另外，信息仅仅是决定个体乃至社会信用活动的一个方面。希望通过改进信息服务活动走出信用活动秩序混乱的困境，实际上是希望用相关技术进步来化解众多深层次矛盾，这是不现实的，征信业最为发达的美国爆发次贷危机也证明信用问题是综合性的，信息仅是一个方面而已。对社会信用体系的认识及建设还需要深入分析，以求实现提高全社会的诚信意识和信用水平。

五、现有法律法规关于信用条款的梳理

截至 2020 年 11 月底，以全国法律法规数据库为基础，对相关条款进

行梳理总结后发现，现有法律法规对于信用条款基本可以分为五类，共涉及 110 个法律法规，五大类包括要求开展信用惩戒或联合惩戒的、要求开展信用分级分类监管的、要求纳入信用档案开展共享公示的、要求开展行业信用体系或制度建设的及仅提出要求遵守信用诚信原则等。

第三章
社会信用体系的重要作用

社会信用体系实质是经济社会治理一项基础性的工具和手段，借助信用主体过往信息记录对信用主体产生影响，通过对记录信息的不同利用方式，让信用主体根据自身和外界条件进行选择，通过失信惩戒、资源配置依据及改变交往行为模式等方式，使诚实守信成为社会主体在理性选择框架下自愿的选择，从而提高全社会的信用水平和诚信意识。

第一节　社会信用体系的理论基础

社会信用体系是根据我国实际情况提出的新治理手段，其主要的理论基础来源于经济和社会治理领域。

一、社会信用体系作用的理论基础

（一）古典经济学和社会信用理论

以经济学鼻祖亚当·斯密为代表，着重对信用和人类经济行为关系的研究，他在其代表作《道德情操论》中指出，经济活动是建立在社会习惯和道德的基础上，他认为人除了具有经济人的利己趋势，还存在同情心、守信、利他等特征，市场经济中的经济行为是一个自由的过程，人们应该公平、诚信与他人开展相应的经济交往，并实现获利。

（二）马克思恩格斯信用理论

从马克思主义经济学的角度看，信用是建立在彼此相互信任基础上的交易基础和规则制度，属于与商品生产、货币经济紧密联系的经济范畴，是商品货币经济矛盾发展的产物，是商品价值、交换价值的运动形式。

（三）契约经济学（信息不对称）理论

该理论认为信用是一种契约关系，如果每个主体都遵守信用契约关系，社会就不存在逆向选择和道德风险。经济主体一般会从成本效益考虑信用契约关系。对于个体来说，如果守信是有利的，将会减少经济社会中信息非对称问题，契约运行成本低、效率高；如果失信是有利的，就会加重经济社会中信息非对称问题，契约运行成本高、效率低。

（四）博弈论

博弈论为经济学在信用理论研究提供了依据。按照囚徒理论的基本原则，通过信用建设可以逐步解决囚徒困境，在重复博弈过程中，博弈主体之间受声誉、互惠、外部约束等影响，使交易双方的一次博弈变成受信人与社会在未来的重复博弈，减轻授信后对对方的监督成本，约束了受信人获得信用机会后的失信冲动，有助于增强守信的可能性。

二、让履约践诺成为信用主体的理性选择

信用主体具有工具理性和价值理性两种思维，是自利与利他的对立统一体。信用主体的自利倾向主要表现为追求长期利益和谋取短期利益，是人们的工具理性使然。信用主体在经济社会生活中，有自己的效用函数，信用状况是函数中一个重要的参数，人们基于个体利益的计算从事经济社

会活动抉择。由于文化、教育、现实生活等后天影响与作用，使我们得以抵御天性中的欺骗倾向，努力培养诚信的道德品质，信用主体在考虑长远利益的时候，又必须考虑利益相关者，尤其是考虑合作主体的利益，要反映在互惠利他上，因而强化了信用主体的利他倾向，在现实生活中也会表现出一些纯粹利他行为，使信用主体表现出一定的价值理性。

基于信用主体的工具理性和价值理性，社会信用体系作用机制在于，让社会诚信或社会信任既是"人无信不立"的理念和价值观范畴，更被认为是基于可重复博弈过程和声誉机制下的理性选择。

（一）社会信用体系提升信息共享度和执行效果

要想实现履约践诺成为信用主体的自主选择，关键是要做到守信受益、失信受损，建立守信激励和失信惩戒机制，起到正反双向加速器的作用，达到"履约践诺获得更多收益，毁约失信遭受更大损失"的效果，逐渐形成倾向于鼓励形成高诚信度的制度条件和氛围。以多主体联合提升信息共享度和执行效果。推动社会诚信建设需要多主体联动、协同推进，激励惩戒也需要多方联合才能发挥出更大的作用。之所以需要联合才能发挥更大作用，主要是由于现实中出现信息拥有者与激励惩戒权限不匹配的问题。有些部门、有些主体可能拥有大量信用信息，但是并不具有对信用主体的激励惩戒的权限或者权限不足，需要不同主体间的配合才能做到信息流与权限流的汇合。

多主体的联合作用主要体现在：一是实现信息共享。通过联合协同机制，实现各类信息互联互通，大大减轻信息不对称程度，为实施守信激励和失信惩戒措施打下了坚实的基础。联合协同机制并不是一蹴而就的，尤其需要相关基础设施的强力支撑，信息归集共享就是最基础、最重要的基础设施。二是提升执行效果。多主体联合执行激励惩戒措施，让守信者处处便利、而不仅仅局限于一个部门、一个行业、一个地区；让失信者处处难行、而不是在一处被限制，还在其他部门、行业和地区继续从事失信活动。法律法规、规章制度等虽然也涉及了激励惩戒的相关内容，但是由于执行依据不能全面及时掌握，导致执行的有效性不高，效果较差。在多主体信用信息归集共享后，很多条款执行所需的信息可以资源共享，使受信者享受更多好处，受信者收到更多限制，提高执行的有效性。

（二）社会信用体系促使高信用度的博弈均衡状态

从博弈论角度来理解社会信用体系作用，社会成员交往或交易过程中有单次博弈和多次博弈之分，博弈均衡状态也有很多个，博弈次数不同、博弈条件不一样都会影响最后的博弈均衡状态。社会信用体系建立后，信用主体信息记录能有效利用，博弈双方信息不对称程度降低，将会影响双方的博弈次数与博弈条件。如果将信用主体的选择理解为在一定的效用函数和约束条件下的抉择，社会信用体系建立后能做到信用主体诚信水平高低切实影响到其效用水平，促使信用主体博弈时会在理性选择框架下履约践诺，最终形成高信用度的博弈均衡结果，实现全社会主体的诚实守信。

在信息记录保存不充分、信息与后续行为关联机制不健全的情况下，会表现为交易双方明显的信息不对称情况，信用主体采取失信行为可能会获得更大收益，在工具理性作用下更多表现为自利倾向，双方容易出现"一锤子买卖"，声誉机制不能很好发挥作用，单次博弈使人出现短视行为。但在重复博弈情况下，双方相互预期对方相信自己也会采取守信策略。重复博弈的不同结果显示了经济社会活动中的合作机制在一定条件下是可以突破一次性博弈中的非合作博弈的囚徒困境问题。社会信用体系的建立有利于解决非重复博弈、信息不对称等问题，为使对失信行为的惩罚成为可置信的威胁奠定了坚实的基础。社会信用体系的建立，将博弈时"一对一"及失信者蒙骗对方的格局，改变为"一对多"即一旦有失信记录将可能面对全体人民惩罚的新格局；将失信者与单个人或组织之间的一次性博弈，转化为失信者个人与社会之间的重复博弈；将短期中静态信息不对称转变为长期内动态信息对称。在不断交往磨合中，不仅是规则约束博弈双方朝着有益均衡的方向进行，信誉机制也会在其中发挥重要作用。社会信用体系建设从总体上改变了信息不对称状况和博弈的格局，使置身于其中的信用主体不能无视自身过往信用状况的作用，成为现代经济社会生活中影响经济主体行为选择的重要环境因素。

博弈均衡是在一定的外部条件下达成的,均衡也会随着外部条件的变化而变化。当外部条件发生变化的时候,如果机会主义行为能给信用主体带来更大收益,在工具理性支配下则有可能一方或双方出现机会主义动机,导致违背承诺的行为发生。当然,虽然旧的契约关系被打破,但是信用主体之间的博弈还会继续进行下去,新的信用关系在新的外部条件下也会逐渐建立起来。从政策层面来说,就是要不断构建良好制度条件,构建一个能够推动信用主体选择高诚信度参数的制度条件,促进形成高水平诚信的博弈均衡,同时不断提升人们对诚信的价值偏好度。在社会信用体系作用下,高诚信度博弈结果更容易达成,博弈次数减少直至单次即可达成。在社会信用体系长期熏陶影响下,诚实守信逐渐成为信用主体的自觉行为准则,诚信不仅是工具理性考虑下的选择,而且也是信用个体的价值理性选择。这种影响带来的结果是,以往多次博弈下才能达到的较好博弈均衡结果只需要较少次数甚至变成单次博弈即可达到。

三、中国传统信用作用机制与借鉴

中国传统信用治理更多地属于非正式治理,是一种民间自发且深入本土社会历史传统的社会信用,与中国熟人社会特征相符,强调诚信和道德自律,社会关系相对紧密和封闭,经济社会活动范围较小,信息记录保存完整程度高,过往信息与后续行为的关联机制完善,熟人社会内部成员之间的相互监督、社会舆论监督、顾及脸面和声誉及违约失信招致群体摒弃等方式足可以对信用相关问题进行有效治理,在维护社会信用秩序上发挥了重要的作用。按照前述社会信用体系作用机制,在熟人社会下,信用共享程度高、执行效果好,经过较少或单次博弈即可达到高信用度的博弈均衡状态。熟人社会信用作用机制与中国传统文化的高度契合而延续至今。研究传统信用历史传承的内在逻辑,既有学理上的意义,也有现实价值。

(一)经济处罚与声誉贬损相结合

在传统熟人社会或者说乡土社会中,对于失信违约和失信者的惩罚依据主要是乡规民约，同时也有相应的激励惩罚机制，成员之间相互监督使得发生违约失信的可能性大大降低。

熟人社会中活动范围小，信息量少、信息复杂程度低，相互之间知根知底，过往信息能够很好记录保存。此时，信息记录保存主要依靠日常所见所闻、口口相传、脑海记忆。这种保存方式属于"照单全收"，不管是经济意义的信用信息还是社会道德层面的信息，只要是看到、听到的都会自动输入脑海，没有主观客观上的分辨，也不会因为某人记住信息而引起其他人的不同看法。在一个较小的活动范围内，信息是相对充分的，一旦有失信违约行为很快就被群体成员发现，触发乡规民约作用条件，让失信人受到经济上的损失。同时，由于活动范围小，失信行为经过口口相传很快被周边的人获悉，失信主体的名誉也会遭受损失，从而能对失信者起到很好的惩戒作用。这种惩罚既不是依照现代法律精神赔偿损失，也不是按照传统法律以牙还牙的报复性惩治，而是用经济与声誉上相对温和的激励惩戒相结合的措施达到促使熟人圈子内成员守信的作用。

（二）连带责任与中介参与相结合

划分"责任区"，加强个体的连带责任。如果信息越对称，失信行为就越容易被发现，失信的可能性越小，社会信用体系建设基本上也是遵循这个基本原理。但是，对于信用治理而言，若从降低信息成本和治理成本来说，对无数单个个体的信用治理难度和成本肯定要大于对数量有限的群体的治理。在传统熟人社会中，虽然多数人活动范围较小，但在由上往下治理和自发治理过程中，由于空间、时间等限制，且部分群体内部可能存在相互包庇失信行为的可能，仍有部分措施不能很好地发挥作用。为降低治理难度和成本，提升治理失信行为的效率，建立了一些个体之间的连带关系，如连坐制、保甲制、保举制等，家庭成员更多的个体比独门独户的个体更容易借到钱。明清时期出现的徽商、晋商等群体，实际上也是以宗族血缘或者近乡近土为基础连接在一起，一人违约往往可找到对应群体中的成员解决。通过这种连带方面的责任，建立起"责任区"范围内成员间的相互帮助与监督，加强成员的守信践诺。

中介参与信用治理。熟人社会是有一定边界的，乡规民约作用范围始终有限，从经济和道德两个方面均要求有中介机构参与。随着经济交换范围的扩大，商业化的发展客观上需要具有中介性质的人员在交易过程中起到介绍、促成以及调解等方面的作用。为了克服交易风险，中介起到了信用保证作用，有助于扩大交易范围。而且，熟人社会成员低头不见抬头见，即使发生纠纷往往也不愿意直接爆发冲突，客观上也需要借助中间人以不伤害两者情面的方式解决问题。作为交易双方都熟悉的中介，实际上起到了信用保证的作用，有助于扩展交易活动的范围，在熟人社会中有广泛的应用。

（三）道德自律与集体排斥相结合

中国传统信用极为重视行为主体内在的道德力量，所谓"内诚于心，外信于人"很好地阐明了个体的道德自律在维系信用中的作用。"仁义礼智信"之说很好地说明了这一点，守信践诺是中国传统文化中非常重要的内容。除了道德本身的约束外，在共同体内，集体排斥是一种极具威慑力的强制隔离手段。在传统熟人社会中，如果某个个体不被所在活动集体内获得认可，再想重新融入就会困难重重。我们甚至可以这样认为，在传统信用治理中，道德力量可能并不是来自信用主体内在自律，而是来自集体排斥的恐惧，如果不能被集体所接纳，也即失去了与外界交往交流的机会。

（四）传统信用作用机制的启示

信用发挥作用的基本特征是要做到掌握信息的主体和做决定的主体是重合的，这是保证良好的社会信用秩序的基础。这在熟人社会下较容易实现，在匿名社会下也要尽量实现。但是，由于现代匿名社会信息量更大、信息复杂程度更高。此时，虽然熟人社会中个人记录保存信息仍然发挥了重要作用，但是信息记录保存更多由个人化转向社会化、市场化，记录保存信息的主体多样化。出现了哪些信息可以或者说需要保存、由谁来记录保存等问题，不同人对需要记录保存的信息看法不一，专业机构记录保存信息的种类需要尽量取得社会上一致的意见。此外，如何建立过往信息与未来信息的关联机制也存在颇多争议，这在熟人社会下小范围群体内很容易决定，但是在现代社会难度却大大增加。以上因素综合在一起就会导致掌握信息的主体和做决定的信用主体无法重合。社会信用体系要尽量做到两者的高度重合。重合的含义在不同社会形态下也有差异，熟人社会中掌握信息和做决定的是同一批人，但在匿名社会下需要社会化、市场化的构成是归集共享信息主要承担者，决策者与掌握信息者出现一定程度的分离，需要经过一定机制实现两者实质上的重合。需要注意的是，信息公开只是为收集整理信息提供了方便，距离有效的信息归集共享和建立关联机制还有很多步骤。

大范围和小范围信用约束相结合。无论是道德自律、集体排斥、还是连坐、连保等，实际是在大范围内信用约束下，在一个更小的范围内加强信用约束。道德自律是从单个人的角度强化守信，集体排斥、连坐、连保属于熟人圈内的更小范围加强信用约束。虽然现代社会不适宜再搞连坐、连保之类措施，但是这种措施实质可以提供思考，在一个相对较小的活动范围内促使信用个体守信践诺。现代社会基本特征是匿名性，但大多数信用个体都会着落在一个相对固定单位内。个人是信用主体，非人格化的单位也是一个信用主体，在经济生活中当然也需要守信践诺，如果单位内成员都是诚信之人的话，单位整体守信践诺的可能性会大大增加。因此，在单位工作规则上加强诚信原则要求，以正式或非正式措施促使本单位成员守信。现代社会中，中介的作用很明显，专门从事信息收集整理工作，为供需双方提供建议和服务，对提升经济社会运行效率作出了巨大的贡献。

第二节　社会信用体系的作用机制

社会信用体系目的是要使诚实守信成为社会成员的自觉行为。从现有研究来看，社会信用体系发挥作用的机制主要有失信惩戒、资源配置依据及改变人们的交往模式。

一、失信惩戒机制

失信惩戒机制是社会信用体系发挥作用的核心机制，优化决策主体所面临的约束条件，逐步推动诚信成为符合人们理性的选择，目的是使失信者得到惩罚、守信者得到鼓励，进而推动形成高信任度的社会。林钧跃（2020）提出失信惩戒机制包含三个机制及其衍生功能圈：一是"失信联合惩戒机制"，由政府建设和运行；二是"守信激励机制"，由政府和社会力量共同实施；三是"市场联防机制"，由市场和社会力量共同实施。林钧跃（2012）指出市场联防机制要求政府监管、消费者防范和检举、商品生产企业员工举报联合发挥作用，能够极大地补充政府市场监管力量的不足。陈新年（2017）指出社会信用体系核心是失信惩戒机制，这套机制是为了消除信息不对称，使守信者得到鼓励、失信者付出代价，保证市场经济的公平和效率。社会信用体系创造了一种使用并规范信用交易发展的市场环境，保证一国的市场经济向以信用交易为主的信用经济健康发展。吴晶妹（2014）指出不良信用惩罚机制是社会信用体系的重要组成部分，其主要功能是对所有失信法人或自然人不能方便地生活在社会中，使人们轻易不敢对各类经济类合同或书面允诺违约，同时也维护了诚实守信者的利益，在有条件的情况下对诚实守信者进行物质性奖励。需要注意的是，对失信的惩罚产生于市场本身，它的"执法机构"是各类信用服务机构，而不是对失信主体进行类似刑事处罚，处罚依据和尺度不是出自《中华人民共和国刑法》，公检法机构也不是惩罚机制中的执法机构。当然，严重的失信行为或触犯刑律的失信活动则另当别论，既要受到不良信用惩罚机制的惩罚，也要追究其刑事责任。

二、信用作为资源配置依据

随着信用在经济社会中的影响日益加深，信用不仅作为惩处失信、褒扬诚信的依据，在经济社会中的资源配置作用也日益凸显，提高了资源配置效率。吴晶妹（2014，2015）指出在现代信用经济中，信用资本是社会资源配置的新依据和新方式。信用是获得信任的资本，是其拥有者社会关系与经济交易活动的价值体现，由意愿、能力与行为结果构成，通过社会关系的声誉和经济交易的授信额度、行为记录与评价等表现出来。信用是资格和手段，信用资本作为一种手段使人们能够参与社会资源配置，可以与土地、资金、房屋、劳动力一样，作为人们财富的象征，在市场上获取参与交易的机会，参与社会资源配置的手段更加多元化。作为资源配置的新依据，信用资本比实体资本来得更直接，解决了没有统一、社会公认的手段配置社会人文资源的问题，丰富和扩大了社会资源配置的领域与手段，补充和调节了仅以实体资本配置资源的不足与漏洞。信用的发展会极大地促进社会进步与经济的健康发展。程民选（2010）认为如果将现代社会看作社会成员高度流动性的松散组织，那么社会信用体系的出现弥补了松散组织中信息不透明的缺陷，越来越多主体根据来源于社会信用体系的信息作出决策，对于交易者特别是融资需求者而言，信用记录在一定程度上起到了交易准入证的作用，关系到他们能否获得交易机会。章政、张丽丽（2017）指出信用作为社会经济发展的重要软实力已经得到普遍认可，是除技术、资本、劳动等有形部分外，与知识、文化、环境等共同形成的无形部分。同时还指出，虽然我国经济总量已列居世界第二位，但一些发达经济体仍不断对我国的市场经济地位和是否是征信国家提出质疑。从这个意义上讲，加快发展市场信用就是发展我国社会生产力，应该用发展实体经济的办法加快市场信用建设，而不是让信用体系被动地适应各项工作的开展。

三、信用改变交往行为模式

在社会成员交往或交易过程中，有单次博弈和多次博弈之分，在信息不对称的情况下，单次博弈容易使人出现短视行为，社会信用体系的建立有利于解决信息不对称等问题，有助于解决人们因短视行为给经济社会造成的不利影响。程民选（2010）指出社会信用体系将博弈时"一对一"及失信者蒙骗对方的格局改变为"一对多"，将失信者与单个人或组织之间的一次性博弈，转化为失信者个人与社会之间的重复博弈，将短期中静态的信息不对称转变为长期内动态的信息对称。于是，社会信用体系的构建从总体上改变了博弈的格局和信息不对称的状况，使置身于其中的经济主体不能无视它的存在，成为现代市场经济中影响经济主体信用行为选择的一个重要环境因素。王淑芹（2015）指出无论是人际信任还是制度信任都将成员间的交往或交易变成多次互动。在传统社会，基于熟人情感关系而形成的特殊信任即人格信任，正是由于有了"道德人格"的担保，所以人们之间的交往包括借贷关系，多是一种无任何明文借据或担保的口头"君子协议"，或称"隐性契约"，它存在于人们心中而不在纸上。"借债还钱，天经地义；有借有还，再借不难"等成为社会成员的普遍信条，乡邻"闲言碎语"的流传是最好的约束力。可以看出，这些信条包含了社会成员间的多次博弈。"人格信任"因在现代社会中缺乏相应的保障机制而发生危机转向"制度信任"。"制度信任"指人们以人与人交往中所受到的契约、法律、法规等制度的约束为信任基础。人们可以不相信具体人的允诺，但相信制约具体人的那些制度，因为制度有国家力量作为后盾，具有强制性和必行性，即使具体人不按照约定行事，但相关的制度会对其进行约束和制裁，他们应得的利益会受到法律的保护。

第三节　社会信用体系发挥的作用

完善的社会信用体系在经济社会生活中发挥了重要作用，能够有效发挥"记忆、揭示、预警"功能，更好地记录信用主体信息，有效解决经济社会中信息不对称的问题，将交易的一次性博弈转化为多次的重复博弈，有效地发挥防范失信、惩恶扬善的作用，在经济社会中发挥着提升交易效率、维护社会信用秩序的功能，提高社会诚信度。

社会信用体系在不断形成和完善过程中，客观上提升了交易的总体效率、提高了社会的诚实守信度，在现代经济社会中发挥着提升交易效率、维护经济社会秩序、提升社会文明程度及增强政府运行效率等方面的功能。

一、提升交易效率，扩大市场规模

信用的作用在于提高交易效率，扩大交易范围和交易规模、增加经济体的财富。完善的社会信用体系是信用发挥作用的前提，它保证授信人和守信人之间遵循一定的规则达成交易，保证经济运行的公平和效率。

信用成为资源配置依据，降低交易不确定性。经济社会中总是存在着交易结果不确定性的担忧，影响交易的积极性，为保证交易成功往往需要付出较高成本，交易效率降低。在完善的社会信用体系作用下，履约践诺是市场主体的自然选择，市场主体间的交易不再是毫无根据、彼此不了解的双方博弈，信用信息共享程度高，各种激励惩戒措施能有效发挥作用，因机会主义倾向对交易造成的不确定性大大降低。信用在经济社会中的资源配置作用也日益凸显，从而提高了资源配置效率。具体来看，如果市场主体在经济社会中的约定义务一般都能够有效履行，长期保持了良好的信息记录，建立了良好声誉，从而在经济社会活动中形成具有高价值的无形资产，那么其合作对象从中可以得知其可以做什么及能够保证达成约定的目标，市场参与者能够更容易地识别声誉良好的对手，大大降低交易成本，各类资源也会随着合作进行有效配置。整个社会形成高诚信度有助于降低交易活动的不确定性和复杂性，从而有助于交易规模的扩大和交易频率的提高。从社会经济的总体运行效果分析，可以将信用信息服务机构的收入看作部分节约下来的交易费用。

社会信用体系正是人类降低工业化、市场化之后交易费用的自然选择，从而大大提升交易效率。程民选（2010）认为市场经济主义总存在着交易结果不确定性的担忧，进而影响其交易的积极性，单依靠社会信用体系商业化服务系统，人们能够更容易地识别声誉良好的对手，发现履约可能性高的契约，交易极大地摆脱了对关系的依赖。一方面，社会信用体系对信息的集中化、专业化处理，节约了信息成本；另一方面，社会信用体

系增加了成功交易的数量和交易总收益，也导致信息总成本在交易总收益
中所占的比例降低。从社会经济的总体运行来看，信用信息服务机构的收入
就是部分节约下来的交易费用。吴晶妹（2015）指出信用提高了现代生活的
质量与效率，信用已成为企业生存与发展的前提条件之一。利用信用方式，
企业超常规发挥了自己的生产、经营与销售能力，提高了企业运作效率。

二、维护经济社会秩序

信用是市场经济的基石，信用经济的发展和健康运行，保证信用主体
合法、合规履行承诺和合约，真正发挥社会管理的功能，约束经济社会活
动中的利益冲突和社会不和谐。

社会信用体系是促进诚实守信的重要社会机制，维护社会信用秩序。
程民选（2010）指出社会信用体系成为解决单个交易中信用信息约束的重
要手段，也是对社会经济具有全局性影响的系统。基于对切身利益的考
虑，守信者更愿意向社会信用体系提供信息，并尽量保持自己的良好信
用，有过负面记录的人也有改正错误或过失的动机；而信用服务机构之间
的竞争压力，也使其不断进行识别失信者的技术创新，客观上增加了欺诈
的难度，压缩失信者的行为空间。因此，无论是信用主体因害怕受到社会
惩罚而选择"计算的守信"还是从"计算的守信"行为日积月累有助于向
"诚实的守信"的转变来看，社会信用体系在维护社会信用秩序上发挥了
重要作用。陈新年（2017）认为日益扩大和复杂化的市场关系逐步建立起
彼此相连、互相制约的信用关系，这种信用关系维系着错综复杂的市场交
换关系，有助于授信方能够迅速获得对方的资信状况，降低放贷的风险，
在降低金融交易风险和成本、规范市场经济秩序等方面发挥着重要作用，
提高发放消费信贷的积极性，支持并促成规范的市场秩序。吴晶妹
（2015，2014）指出社会信用体系是市场经济的冷却器，由于存在诚信、
合规、践约这些基本底线，社会信用体系通过一系列的制度、规则和监管
措施，帮助市场经济守住底线，保障市场经济运行的稳定性和持续性。社
会信用体系对内可以稳定秩序，拉动内需；还可以对外加强融合，兼容并

蓄，信用交易规则是世界通用的，建立社会信用体系，与国际市场接轨，纳入国际通行的合理做法。企业为保证各个环节的工作质量，会自觉不自觉地建立和维护自己的信用与社会信用关系，创造和形成企业文化，促使企业在健康、良好的氛围中发展与壮大，社会秩序也得到了维护。王伟等（2020）指出与传统的市场监管机制相比，新型的市场监管机制首先是以信息公开为基础的监管体系。虽然信息公开是一种干预强度较弱的监管工具，但却是较为有效的市场监管手段，有助于改善交易环境。

信用有利于提高消费者的生活质量，可以不断满足日益增长的消费需求。各种各样的信用工具与信用交易方式，极大地方便了消费者的交易活动与消费行为，也使商品或服务提供方、资金授信方能够迅速获得消费者的信用状况，开发出更精准化、多样化的信用服务产品，消费者能够以更方便的形式消费与交易，更能应对各种各样的意外事件与突发事件，挖掘和发挥消费者消费能力，尽量满足、实现消费者的消费需求，提高消费者的生活质量与水平。社会信用体系除了以更高效率对接生产者和消费者的供需外，也有助于提升商品和服务质量。制假售假、以次充好、食物添加剂乱象、预付卡纠纷、各种骗局套路等让消费者防不胜防。在完善的社会信用体系下，如有这些信息被很好记录，会给相应监管部门提供执法依据，可以大大提升相关部门的执法效率，也能给潜在违法者以很好的震慑作用，还消费者一个更好的消费环境，消费者花同样的钱可以享受到更高质量的商品和服务，从而提升了生活水平。

三、提高政府运行效率，约束政府行为

政府决策时会有更多的依据，手段更有效。政府在完善的社会信用体系下，政府治理信息来源更加丰富、整理手段更加科学有效，增强了政府职能运作能力。健全的社会信用体系拥有覆盖面宽阔的信息系统，既包括全社会的自然人和主组织，也包括了政务、商务、社会和司法等方面的信息，政府部门之间、政府与市场主体间的信息交流更加充分，为政府治理提供更多的信息来源。政府治理信息来源更加丰富，意味着政府决策时会

有更多的依据；政府治理信息共享度高，不同部门间的联合奖惩措施得以实现，在为市场主体的服务过程中，政府根据所掌握的信息划分不同的信用等级，给予高信用者更加便捷的服务，对低信用者设置一定的服务限制，政府行政资源得以合理高效使用。在此情况下，不同部门间的联合行动有了坚实的基础，在为市场主体的服务过程中政府根据所掌握的信息划分不同的信用等级，区分服务标准更有针对性，给予守信者更加便捷的服务，对失信者设置一定的服务限制，政府的行政资源得到更加高效、合理的使用。例如，吴晶妹（2015）指出政府可借助信用活动在现代经济中游刃有余。一方面，政府可以利用信用方式、利用政府债券向社会公开授信，广泛聚集社会闲散的货币资金，用于公共基础设施建设，用于发展公益事业；另一方面，借助各种信用活动，政府可向社会各微观经济主体进行授信，以最好的方式、以尽可能高效的形式开展经济建设，扩大就业规模，维持经济繁荣。

需要指出的是，要澄清社会上关于联合奖惩特别是政府部门参与的联合奖惩的误解。社会上对实施联合惩戒是否会造成对信用主体的二次行政处罚存有疑虑，出现这个疑虑的根源在于没有认识清楚联合惩戒的本质，联合惩戒是基于多主体之间的信息共享来提升执行效果，联合惩戒增强了行政处罚效力，执行还是由相关部门依法依规进行，而并非是对信用主体进行二次处罚。社会信用体系是一种经济社会治理的基础性工作，对现有治理手段起到的是"催化剂""加速器"的效果，助力现有手段有更好的执行效果，而并不是给出一个新的执法手段，给失信行为加一道处罚。社会上之所以出现误解，有对社会信用体系理解不到位的原因，也有一些部门将本单位的管理手段披上信用的外衣，以求实现更好管理效果的缘故。

政府治理的社会接受程度更高。社会信用体系建设有助于社会道德重建，社会诚信氛围日益浓厚，信用主体在经济生活中逐渐意识到政府治理手段日益有效，给予信用主体稳定的预期和可置信威慑，机会主义、侥幸心理作用空间不断被压缩，不需真正动用治理手段，在工具理性考虑下日益遵守法律法规，人们就会按照制度约束依法依规行事。在诚信氛围浓厚的社会中，价值理性在信用主体行为选择时的影响越来越大，无论是政府治理手段的生成还是认同的成本，都要远低于失信行为频发的社会，很多治理手段并不需要真正实践就可以实现治理效果。王伟等（2020）指出与传统的市场监管机制相比，新型的市场监管机制首先是以信息公开为基础的监管体系。信息公开虽是一种干预强度较弱的监管工具，但却打通了通往信任和信用的桥梁，公共信息是一种宝贵的资源，提高公共信息使用频率，将会在全社会慢慢建立一种"公共信任"。

社会信用体系建设使社会成员各类信息广泛记录，包括政府各种行为，相当于给政府部门多一道约束，使政府行为更谨慎。政府在行使职能的过程中，也是与管理和服务对象不断博弈的过程，更多的信息归集共享公开不仅是对其他信用主体的约束，也是对政府行为的约束。更多的信息归集共享和公开，行政主体与行政对象间的信息不对称程度大大降低，社会公众更多地了解政府如何运作，相当于有更多力量可以抗衡政府损害民众的行为，逼迫政府按规定行事，有效压缩了政府行政恣意的空间。罗培新（2018）指出社会信用体系建设对于政府部门而言，多了一道查询并且运用公共信用信息的程序，相较于以往不受信用信息约束可以方便地上下其手而言，信用治理可以减少行政恣意的空间。他也指出制度精细设计在遏制公权与保护私权之间的重要性，尤其需要遵循合法原则和比例原则，审慎确立联动奖惩的依据。合法原则包括公共信用信息的主体、范围与程序及联动惩戒权限必须合法三个方面的内容，比例原则是指行政主体实施行政行为时，应兼顾行政目标的实现和保护相对人的权益，是为了给民众一定的容错空间，构成失信、进而被记入信用平台的违法违约行为必须具备一定的条件。

四、提升社会文明和谐程度

与传统的治理手段相比，社会信用体系是以信用信息归集共享、公开利用为基础的治理信息，虽然这是一种干预强度较弱的监管工具，但却属于一种潜移默化的影响。信用记录在影响经济社会生活各方面的过程中，通过对失信行为的惩戒和对守信行为的激励，对社会成员的行为产生了潜移默化的影响，诚信、信任、契约精神等在经济社会中不断强化，道德约束发挥更多作用，社会文明水平不断提升。

　　道德层面的教化将影响人们有关诚信的效用函数，影响个体的行为选择，信用个体将有更多的价值理性，诚信观念深入人心。在社会信用体系作用下，多次博弈理念深入人心，社会成员能自发摒弃短视行为，价值理性发挥更大的作用。尽管现代社会中，特别是经济活动领域将人假定为自利的经济人，但是现实中人毕竟兼具理性和情感，有其社会性与文化性的一面。信用主体在经济社会活动中，固然要追求自身的利益，在追求长期利益时客观上要求在经济交往中恪守承诺、依约行事，也有可能基于自身的道德诉求而作出履约守信的决定。从长远来看，有效的制度约束可以让工具理性为主信用主体在利弊权衡之下选择守信，逐渐由被迫转向自愿或自觉，最终转化为个人的内化约束，长期潜移默化的影响使失信主体由被逼当守信者渐渐地转为自愿的守信者。这种转换一旦形成，道德约束将开始发挥重要作用。社会信用体系的本质是让信用主体过往行为记录对未来产生更多、更直接的影响，守信收益更大、失信成本更高，在影响过程中诚信道德不断发挥了潜移默化的作用，价值理性对个体行为影响越来越大。

　　道德层面的教化将会影响信用主体行为选择，价值理性发挥更大作用，信用主体自觉抵制失信收益的诱惑，自我约束机会主义行为，在经济社会活动中履约践诺，全社会的诚信意识不断提升。范水兰（2019）指出在现代社会中，经济生活中的契约关系、契约精神扩展到社会各个方面、各个层次，逐渐形成了现代社会的契约文明。契约文明是现代社会文明的重要组成部分，而信用交易的发展推动了契约文明迈向更高的阶段。由于信用交易的发达，可以极大地推动了契约法的发展和信用文化的形成，从而使契约文明在现代社会中有着更加丰富的内涵。当前，随着中国特色社会主义市场经济的发展，经济契约化的程度越来越高，我国正处于从几千年封建制下的身份社会转变为现代经济下的契约社会的漫长过程中，企业信用的发展有利于推动这一转变，提升社会文明发展水平。王淑芹（2015）在中国社会转型期，社会诚信建设的主导模式由"德性诚信"转向"制度诚信"，这是一种不以人的意志为转移的社会选择，是市场经济的契约文化、普遍主义价值诉求的结果。相对于"德性诚信"的价值个性和选择个性而言，"制度诚信"的统合性和结构化，在很大程度上有利于社会变迁的"过渡型"社会形态的诚信道德价值观念整合，有利于惩治虚假失信的恶行，有利于社会成员诚实守信品行的养成。

4 Chapter

第四章
经济高质量发展中的
社会信用体系建设研究

经济高质量发展是我国当前和未来经济社会发展的主要方向。产出可持续性、高质量产品和服务、持续的增长动力、市场运行效率高以及政府治理水平提升等均对社会信用体系建设提出要求。虽然当前我国社会信用体系建设取得了一系列成绩，但是社会信用体系不健全仍是我国经济高质量发展的短板，使交易扩张受阻、产品和服务质量不高、企业经营效率低下以及政府治理水平有待提升。最后，针对完善社会信用体系建设促进经济高质量发展提出相关政策建议。

第一节　经济高质量发展对社会
信用体系建设的新要求

经济高质量发展是以高效率、高效益生产方式为全社会持续而公平提供高质量产品和服务的经济发展，高质量发展需要达到产品和服务质量高、技术效率高和经济效益好以及经济可持续性高三个方面的要求。产品和服务质量高可分为要素投入质量高、中间品投入质量高以及最终产出质量高三个方面来理解。技术效率高和经济效益好可从静态和动态两个方面来理解，从静态来看表现为技术效率高和经济效益好两者的协调统一，从动态来看表现为效率提升从而成为经济持续发展的动力；可持续性强可从时间和空间两个维度看，时间上表现为短期经济在合理区间平稳运行而长期为产出的可持续性强，空间上表现为经济体自身稳健有韧性且经济体系与社会、环境等和谐。

一、产出的可持续性更加依赖诚实守信的社会环境

经济高质量发展的表现之一就是产出的可持续性强，而不断地交易会催生出新的产品和服务。因此，保证产出可持续性就必须保证交易规模不断扩张。社会形态的变化使交易对于诚实守信的社会环境更加需要。特别是随着社会由农业经济时代的熟人社会形态逐渐转向工业经济时代的陌生人社会形态，而进入数字经济时代甚至转向匿名人社会形态，交易对于信用的依赖程度不断加强。无论是从交易的广度还是交易的深度来看，都需要诚实守信的社会信用环境作为条件。随着交易地域不断扩大，交易方式多样化，交易由近距离交易向远程交易发展、由现期交易向跨期交易发展，远程和跨期交易涉及的债权债务关系、委托—代理关系、信贷关系等均存在时间和空间上的跨度，具有较大的不确定性。如果没有诚实守信的环境，没有建立在交易各方诚信基础上的互信，远程交易或跨期交易是不可能实现或者不可持续的。从交易的深度看，交易的深度发展涉及信贷活动的深化，涉及了时间跨度，如果没有良好的信用环境，信贷关系则难以形成和持续。

资金集中使用为交易跨地域、跨期进行提供了可能。股份制、银行借贷、风险投资和产业基金等扩大投资的方式，无一不是以信用为条件的。在诚实守信氛围浓厚的经济中，信用关系更容易扩张，通过股份公司等各种"集中"方式实现投资的增长更易实现。在从事资金借贷业务的经济组织中，特别值得关注的是面向中小企业融资的金融机构。相对于大企业而言，中小企业信息甄别成本高、资产较少，事后惩罚的可置信度低，现实

经济中就形成了"银行偏爱大企业"的信贷行为选择，中小企业融资也成为全球性的难题。从各国实践来看，主要通过两种途径来解决：一种是在成熟的市场经济国家，大多采用设立中小企业发展局的正式途径；另一种是在转型国家，则更多地通过民间融资的非正式途径。不管正式还是非正式途径，如果没有良好的信用秩序，都将无法有效扩大信贷规模，提高中小企业的投资能力，也就无法促进交易规模扩张。

二、高质量的产品和服务更加需要高效的信用监管体系

市场经济就是让竞争发挥作用的经济，要求的是一种充满活力的规范有序、平等、依法的竞争，依靠技术和管理降低成本，提供满足市场需求的高质量的产品和服务。市场形势变化对于监管提出了新的要求。随着市场主体数量快速增多，传统的监管手段已经无法满足有效监管的需求，市场迫切需要新的监管方式来应对形势的变化，而信用监管提供了很好的选择。

在市场中形成规范有序的竞争格局，高效的信用监管体系必不可少。有序竞争要求市场主体诚信为本，严格遵守契约精神。在健全的社会信用体系情况下，市场主体的信用记录较为全面，通过信用评级、行业约束、联合惩戒等信用监管手段，构建在市场经济体制下"高信用度"的社会，构成了对信用缺失行为的有效监管和惩治，保障了规范有序的市场环境，整个社会能够广泛提供高质量的产品和服务。如果缺乏有效的信用监管，就会出现偷工减料、坑蒙拐骗等不良行为，市场上就将会充斥假冒伪劣产品，市场主体之间只能通过大打价格战甚至使用卑劣手段来竞争，规范有序竞争的格局将无法形成。

三、增长动力顺利转换需要诚信环境保障

高质量发展就是经济增长从主要依靠要素投入转向更加依靠全要素生产率提升，而创新作为全要素生产率构成中的重要组成部分，为经济增长

提供了原动力。特别是在国务院提出推动创新创业高质量发展、打造"双创"升级版的背景下，创新对经济增长的重要性更加突出。创新的顺利进行离不开产权保护，无论是创新还是产权保护都需要诚信的环境保驾护航。

创新逐渐由单打独斗走向众人合作时代，创新人才以及资金都需要通过一定方式聚集在一起才容易产生新的成果，而聚集的过程离不开诚信环境。从创新人才看，缺乏信用的企业不可能吸引具有创新能力的人才，将严重影响新产品研发、新技术和新工艺的采用、新市场开拓、新要素和资源获取以及管理创新等。从创新的协同配合看，在信用失序的环境中，市场主体之间难以互信，会因担心被欺诈而丧失合作机会，许多通过合作能够实现创新的项目也将由于信用无序而付之东流。从创新需要的资金支持看，无论是金融机构、企业或个人都将因信用无序造成的风险无限放大而不愿意为创新提供必要的资金支持，导致创新因缺乏资金而无法顺利进行。

有效的产权保护仅靠某个部门、某些人很难做到，必须利用更多力量才能做到。健全的社会信用体系建设可与监管部门形成产权保护合力。通过将假冒、侵权等行为与诚信挂钩，政府在处理侵权产行为时，除了行政和司法手段，可通过信用体系建设有效遏制各种违法违规行为，从而提高产权保护效率。此外，信用体系建设可提升市场主体产权保护的意识和能力。提高产权相关案件办案信息公开程度，保障公众和相关权利主体的知情权、参与权和监督权，可使相关利益主体更好地了解产权保护的方式和方法。在一个市场主体维权意识强和维权方式多样的情况下，侵权行为自然较少。

四、市场运行效率提升离不开健全的社会信用体系支撑

高质量发展的表现之一为供给的高效率，即资源配置效率高。在资源约束日益强化的条件下，提升各类资源的配置效率具有重要意义。无论是从宏观角度来看的高资金配置效率，还是从微观角度来看的企业高经营效率，健全的社会信用体系都将发挥重要作用。

资金配置效率需要诚实守信的环境。金融在现代市场经济资源配置中起到中心调节的作用，而金融的发展正是以信用作为支撑的。守信的社会环境可以体现在以下几个方面：一是提升政府、市场以及个人信用度，提高资金的利用效率和货币流通效率；二是提升投融资可及性，为中小企业提供更多的融资渠道；三是提高投融资匹配度，有效地提升资金供需双方的匹配度，以及降低投融资双方的期限错配程度；四是降低投融资成本，金融市场的资金成本分为基准利率、风险溢价以及信息溢价三个部分，完善的社会信用体系将有利于降低部分投融资的风险溢价，更重要的是将大幅降低项目的信息溢价，从而显著降低资金成本。

企业经营效率需要健全的社会信用体系。在健全的社会信用体系下，企业可建立覆盖经营全周期的信用管理体系，有效地降低各种信用风险，进而降低企业的经营成本，提升经营效率。在前期信用调查阶段，在完备的社会信用体系下，可以清楚地知道合作企业情况，可以减少盲目性，增加企业进入新市场的成功率，也减少了进入新市场的交易成本。从中期信用风险管理看，在完备的社会信用体系下，企业能够以较低的成本建立风险转移机制。一方面是外部风险转移机制，可以通过担保、保险、再保险等转移企业的外部风险；另一方面是内部风险转移机制，如放出去的贷款和赊销的货款什么时候能够收回等，在社会信用体系健全的情况下可用较低的成本进行有效控制。从后期的信用风险看，应收账款管理是一个重要的方面，在健全的信用体系下应收账款的期限较短，坏账率低，企业的相关成本就会较低。

五、政府治理水平提升需要健全的社会信用体系

政府治理水平是影响高质量发展的重要因素。新时代我国提出的建立市场化、国际化、法治化的营商环境的情况下，对于政府治理能力和治理水平提出了新的要求。政府治理水平提升需要更加丰富的信息来源、更加科学有效的治理手段以及更高的社会接受度，这些均离不开健全的社会信用体系作为支撑。

政府治理信息来源更加丰富。健全的社会信用体系拥有覆盖面宽阔的信息系统，既包括全社会的自然人和主组织，也包括了政务、商务、社会和司法等方面的信息，政府部门之间、政府与市场主体间的信息交流更加充分，为政府治理提供更多的信息来源。更多的信息来源意味着政府决策时会有更多的依据。

政府治理手段更加科学有效。在信息来源丰富的情况下，信息共享程度高，不同部门间的联合奖惩措施得以实现，在为市场主体的服务过程中，政府根据所掌握的信息划分不同的信用等级，区分服务标准，给予守信者提供更加便捷的服务，对失信者设置一定的服务限制，政府的行政资源得以更加高效、合理地使用。

政府治理的社会接受程度更高。社会信用体系建设有助于社会道德重建和政府监管方式的转变。如果社会诚信氛围浓厚，治理措施更容易通过"意念"而非实际实施发挥作用，用较低的成本即可实现较高的治理效率。所谓"意念"上的实施，指的是政府治理手段的存在本身就会给予人们一种稳定的预期和可置信威慑，不需要真正动用就会按照制度的约束行事。就治理手段来看，信用环境对治理手段运行成本的影响涉及治理手段的生成和认同成本。在诚信氛围浓厚的社会中，无论是政府治理手段的生成还是认同的成本，都要远低于失信行为频发的社会。

第二节　我国社会信用体系建设现状

近年来，在党中央、国务院领导下，国家发展和改革委员会、中国人民银行会同社会信用体系部际联席会议成员单位推进社会信用体系建设，并取得了不错的成绩。

一、颁布一系列指导文件

2014 年，国务院印发了《社会信用体系建设规划纲要（2014—2020

年)》，作为我国首部国家级社会信用体系建设专项规划，全面部署了建设政务诚信、商务诚信、社会诚信和司法公信等各方面任务，为加快推进信用体系建设明确了"时间表"和"路线图"。此后颁发了统一社会信用代码、联合惩戒、加强政务诚信、加强个人诚信、电子商务诚信等6个具有顶层设计意义的文件，机制体制等基础工作取得了明显进展。为进一步规范社会信用体系建设，2020年7月国家发展和改革委员会、中国人民银行会同有关部门研究起草了《关于进一步规范公共信用信息纳入范围、失信惩戒和信用修复 构建诚信建设长效机制的指导意见（征求意见稿）》。

二、信用基础设施加快建设

统一社会信用代码基本全覆盖，新注册主体全部实现"源头覆码、一户一码"，存量代码转换任务100%完成。全国信用信息共享平台成为信用信息归集共享的"总枢纽"。现已联通44个部门、所有省区市和70家市场机构，归集各类信用信息超过300亿条，实现了信息查询、异议处理和联合奖惩等功能。"信用中国"网站成为社会信用体系建设领域沟通社情民意、推进信用信息公开的"总窗口"，总访问量超过145亿次。

三、联合奖惩机制逐步完善

截至目前，60多个部门已经签署了51个信用联合奖惩合作备忘录，推出联合奖惩措施100多项，守信收益和失信成本大幅提高。在对守信主体联合激励方面，启动以"信易批""信易贷""信易租""信易行""信易游"为主要内容的"信易＋"工作，创新拓展守信激励应用场景。在对失信主体的联合惩戒方面，对参与招投标、政府采购、获得政府供应土地、政府性资金支持及商品进口关税配额、适用海关认证企业便利管理、受让收费公路权益、进入证券市场等限制，以及在生态环保领域、涉金融领域、偷逃骗税领域、电信诈骗领域、互联网虚假宣传领域、学术造假领域等对失信行为采取整治措施。

四、以信用为基础的市场监管机制正在形成

通过开展信用综合评价和分级分类监管，对信用等级较高的企业提供优先享受财政性资金安排、优先办理通关手续、按需领用发票等便利服务措施，特别是在办理行政许可过程中，只要按要求做出信用承诺，即可享受"绿色通道""容缺受理"，极大地压缩了办理时间、方便了办事企业。通过将监管资源进一步向信用状况不佳的对象集中，有效地解决了监管力量不足问题，达到了"靶向精准"监管目的。

五、地方积极开展信用实践

自 2015 年起，利用信用状况监测预警平台在全国范围内开展信用监测，目前已实现全国 661 个城市全覆盖，城市整体信用状况有所提升。2018 年首批确定杭州、南京、厦门等 12 个城市为社会信用体系建设示范城市，目前已组织三批共计 110 多个城市积极开展示范创建工作。制定《长三角地区深化推进国家社会信用体系建设区域合作示范区建设行动方案（2018—2020 年）》，重点围绕环境保护、食品药品、产品质量、旅游等重点领域开展跨区域联合奖惩，支撑区域经济社会健康有序发展。制定《京津冀全国守信联合激励试点工作行动方案（2019—2020 年）》，打造"信用京津冀"品牌，优化区域营商环境。此外，各地积极以"信用分"为抓手开展信用工作。

六、信用服务市场逐步壮大

征信服务市场成长壮大。目前，在中国人民银行备案的企业征信机构达 129 家，法人信用评级机构达 97 家，外资征信机构 2 家。2018 年 1 月，首家市场化个人征信机构——百行征信有限公司成立，主要提供金融信用信息基础数据库未覆盖领域的个人征信服务，其定位是覆盖互联网金融

（网络小贷机构、P2P 平台和新兴的消费金融平台）的消费人群，估计约在 5000 万到 1 亿人，与覆盖传统金融消费人群的央行征信系统形成互补。按照监管层的定位，百行征信本质上就是一个专业征信机构，即面向特定场景（互联网金融）的消费者。2019 年 1 月 1 日，百行征信正式启动了个人征信系统、特别关注名单平台和信息核验平台三款产品。此外，中国人民银行针对当前国内信用服务市场竞争激烈、评级混乱等问题开展信用服务市场清理整顿工作。信用服务机构快速发展。国家发改委首批认定 26 家信用服务机构开展综合信用服务机构试点工作。鼓励第三方信用服务机构参与信用评价、重点领域失信专项治理、信用监测等工作。号召 34 家市场机构、产业园区等发起成立"信易＋"联盟，创新守信激励产品和服务，共同促进信用建设工作。信用服务机构为部门、地方信用工作提供支撑。农业农村部委托第三方机构开展农资领域信用评价；陕西省委托第三方机构开展 2018 年度全省政务诚信评价试点；重庆市引入第三方机构参与信用平台建设、城市信用监测、联合奖惩、宣传教育、信用惠民服务等工作；吉林省组织第三方信用服务机构利用征信大数据对企业信用状况进行评价。

第三节　社会信用体系不健全是经济高质量发展的短板

我国社会信用体系建设近年来已进入快车道，取得了一系列不错的成绩。但是对经济高质量发展而言，信用体系不健全是重要短板，我国社会信用体系建设仍存在一些有待明确和有待解决的问题。

一、社会信用体系不完善阻碍交易规模扩张

社会信用体系建设不完善使消费金融发展滞后与乱象并存，不利于交易规模扩张。消费金融发展能够刺激消费，扩大内需。但是由于个人信用体系建设不完善，消费金融业务在我国的发展远远落后于发达国家，影响

了消费规模扩大，并最终影响到经济增长。消费模式创新对消费增长具有重要意义。苹果手机每年的销售额里面有10%都是通过消费租赁方式取得的，美国消费租赁市场渗透率达22%左右，中国不足3%，因此我国具有较大的发展空间。但是由于社会信用体系不完善，无法对更多的人作出较为准确的信用评价，金融市场不敢过多涉足此种模式，限制了该模式的推广。

由于个人征信系统没有完全建立起来，个人征信体系内容丰富度不够，个人数据分割在不同部门，市场化服务机构数据来源不足，使债务拖欠现象大量发生，甚至连助学贷款也有人逃废。面对这样一种社会信用状况，各家银行不得不对个人信贷业务持谨慎态度，一个突出的表现是在信用卡业务存在较大发展空间。虽然我国信用卡数量保持快速增长，消费金融业务不断增长，但是与发达国家相比，我国的信用卡业务与个人信贷规模均存在很大的发展空间。自我国1985年6月信用卡首次发行，虽然已经经过了30余年的发展历程，但信用卡发行量占银行卡总量依然较低。截至2017年末，我国银行卡累计发卡量为70.3亿张，信用卡累计发卡量为7.9亿张，信用卡占发卡总量的11.2%，而国际上信用卡占银行卡数量的比例一般保持在60%以上。发达国家商业银行银行卡创造的利润，一般占整个银行利润的20%以上，而我国仅占百分之几。以个人金融业务著称的花旗银行，70%以上的业务收入来源于信用卡。

二、市场信用失序导致产品和服务质量无法保证

我国市场主体信用记录不全、对失信行为惩戒不足所导致市场信用失序问题长期存在。市场主体的信用记录没有形成固定制度，处罚力度偏轻，对失信行为惩戒不足，导致产生了一系列不良影响，市场运行不规范、市场运行效率低下及消费萎缩等。以联合奖惩为例，虽然到目前为止颁布了50多个联合奖惩备忘录，也取得了一定的实效，但实践中对抓手之一的"红黑名单"出台存在问题，名单都是由各个地方来报的，地方对红名单的保送相对积极，而对黑名单的保送则不那么积极，奖励性的措施好推进而惩戒性的措施难做。此外，信用修复作为一个社会信用体系建设的

环节，很有必要，但是也存在被滥用的现象。当前市场主体的失信行为存在一受到惩戒的影响就去做信用修复，惩戒作用不明显，不能形成深刻记忆，约束作用不强。

以消费领域为例，失信行为对主体只在短期内有一定不利影响，风头过后市场主体经营即恢复如初。我国食品药品安全问题一直未得到有效解决，商品或服务提供标准缺失或执行不严格问题突出，引发了一系列的问题，如毒大米、地沟油、农药残留超标的蔬菜、苏丹红等食品安全事件层出不穷，除了产品市场存在诸多问题外，各类服务市场也存在不足，不断撩拨人民群众紧张的神经。如果能恢复并保持良好的市场信用秩序，产品和服务质量将会有更大的保证，消费者对国内产品和服务也将重拾信心，消费对经济的带动作用也会加强。

三、市场主体信用水平低下致使企业经营成本高、运行效率低

由于长期以来缺乏严格的法律制度规范和约束，我国企业对自身信用建设重视程度不够，企业经营过程中相关费用一直较高，企业经营效率低下。企业作为市场上的微观主体，如果其运营成本长期居高不下，那就难言供给体系的高效率。根据调查，美国企业管理费用、财务费用、销售费用占销售收入比重为2%~3%，而我国企业相应的比重达14%，说明我国企业营商成本高，市场运行效率偏低。如此大的差距虽然与管理体制、经营体制、市场体制等不完善有关，但是也和社会信用体系建设不完善，企业对信用风险管理忽视，与企业没有建立这样的管理体制、没有形成防范信用风险的机制关系密切。据统计，我国企业达到3A评级的企业不足千家，A级以上企业也只有4600余家，仅占我国企业总数的0.02%，企业整体信用水平与发达经济体存在很大差距。

信用成本高企推升了实体经济运行成本，市场运行效率低。我国企业的成本费用占主营业务收入的平均比重长期在95%以上，而美欧日等国家经济企业的成本费用平均比重在80%~85%，我国企业负担之重、市场运行效率低问题显而易见。从企业成本费用结构上看，除去原材料、电力能

源、人力、物流等硬性成本外，制度性交易成本、融资成本是导致企业负担过重的主要原因。而制度性交易成本、融资成本都与市场主体信用水平密切相关。近年来，虽然金融供给不断增加，金融资源配置效率也不断提升，但是企业的融资成本居高不下，尤其是中小企业、民营企业融资困境难有实质性解决。据清华大学中国金融研究中心发布的数据显示，当前我国社会平均融资成本为 7.6%，如果考虑到中间环节等费用，融资成本将超过 8%，中小企业融资成本大部分高于 10%，均是美国企业融资成本的数倍。融资成本高企除了金融市场、金融服务等方面的原因外，企业信用缺失、高信用风险必然会增加风险溢价及信用中介成本，从而提高企业融资成本[①]。

四、信用信息共享不足弱化政府治理水平

信息共享是社会信用体系服务经济高质量发展的重要手段，虽然各类信息共享平台已经建立，但是政府部门间信息沟通、政府信息与市场信息间、市场主体间的信息沟通质量不高。原因在于：一是信息采集的法律依据和规范性不足。哪些信息可以采集，哪些信息不能采集，缺乏明确的法律依据，或者虽有说明但是缺乏明确强制性措施。而且，部门间的信用信息的归集依据不足，哪些条目应该共享，哪些不应该共享缺乏规定，使一些部门为规避风险而有选择地开展信息共享，对自身有明显好处的就多共享，与自身关系不是很大就少共享，部门间的信息共享存在"隐性壁垒"，部门间信息共享质量不高。二是公共信用信息与社会信息尚未形成有效共享机制。当前，公共信息与社会机构之间签订了一系列的合作协议，建立起了初步的合作框架。从总体来看，公共信用信息和社会信用信息之间尚缺少有效的共享机制。据不完全统计，全国统一平台归集信用信息约 300 亿条，但只有 1.5 亿条对外开放，公开率仅 0.5%。剔除垃圾信息和不宜公开信息，信息公开率仍然偏低。由于信息公开不足，直接影响到市场机

① 郑之杰. 完善社会信用体系 助力实体经济降低成本［J］. 中国金融家，2018（4）.

构开发高质量信用产品和服务。三是平台信息呈孤岛特征。我国各类网络平台众多，各平台都将数据视作自身财富，不愿与其他平台共享，孤岛特征明显。

信用共享不充分导致在高质量发展中难以形成有效的手段，不利于政府治理水平提升。以前的政府治理多是行政命令式的，当前进行"放管服"改革，大大压缩各项审批事项的时限和放松事前审批加强事中事后监管是营商环境优化的重要举措，这对政府部门间的信息互联互通的需求更迫切。但是由于部门间信息共享存在诸多障碍，信息共享程度不高，各部门在开展工作过程中往往还需另建平台，花去额外成本不说，信息的全面性和有效性也较差，导致监管不足，短期内还容易出现监管真空。公共信息与社会信息共享程度不高，不利于提升政府治理接受度。使社会服务机构缺乏有效的信息来源，无法开发出高质量的信用服务产品，进而影响了信用约束机制发挥作用，不利于有效惩戒失信行为，联合奖惩发挥的作用有限，诚实守信的社会氛围尚需进一步营造。作为社会信用体系建设发挥作用的重要载体，信用评分是基础的产品，对于整个社会来说需要有一个通用的、基础性的评分产品，在此基础上衍生出一系列的相关产品。但是由于无法归集较为全面的信用信息，也就无法推出类似的信用评分产品。各地方政府和企业推出的一些评分，因数据来源不广、使用范围有限等问题也无法很好地发挥信用引导市场主体行为的作用。不同平台间的信息等数据不通，使在一处平台的失信行为难以及时发现，市场主体在一个平台失信后可以在另一平台再次交易，扰乱了正常的市场秩序，加大了政府治理难度。

第四节　完善社会信用体系促进经济高质量发展思路和建议

针对当前我国社会信用体系建设当中不适应高质量发展的问题，按照"加强信息收集，推动信息共享，强化信息应用"建设思路，沿循社会信用体系建设的链条进行有针对性的改进，进而适应高质量发展对社会信用体系建设的要求。

一、加快社会信用体系建设法治化进程

社会信用体系建设是一项系统性工程，对于经济高质量发展意义重大，但目前全国没有一部法律作为统领，社会信用体系建设诸多环节没有法律依据，推动起来既缺乏法定强制力，同时也会引来诸多非议。现阶段，社会信用体系建设容易做的事情所剩无几，剩下的多是难啃的"硬骨头"，信用体系建设的法律保障程度不高，或者说法律法规层级不高是其中的重要问题。因此，需要为信用信息全流程工作提供法律依据，做到有法可依。根据发达国家信用体系建设法治化经验，也是在社会实践下催生出对法律法规的要求。发达国家信用体系建设成效显著、诚信氛围浓厚的重要原因在于建立了信用相关的法律法规，且得到了较好的执行。因此，为使社会信用体系建设更好地服务于经济高质量发展的要求，应该加快出台社会信用法等基础性的法律法规，同时加快社会信用体系建设标准化进程，建立社会信用体系建设的系列基础规范，为社会信用体系建设提供法律保障。

二、多方协力促进信息共享量质齐升，打破"信息孤岛"

社会信用体系服务于经济高质量发展，前提在于各类信用信息能充分流动起来。针对当前社会信用体系建设中存在的"信息孤岛"问题，应当从以下几个方面破解。

一是加强政府信息公开和共享。以党中央国务院高度重视营商环境优化为契机，持续推动政府信息公开和内部信息共享，细化信息公开和部门间的共享目录，规定公开共享时限，接受社会监督，并建立考核机制。各地区、各行业要以需求为导向，在保护隐私、责任明确、数据及时准确的前提下，按照风险分散的原则，建立信用信息交换共享机制，统筹利用现

有信用信息系统基础设施，依法推进信用信息系统的互联互通和信用信息的交换共享，逐步形成覆盖全部信用主体、所有信用信息类别、全国所有区域的信用信息网络。各行业主管部门要对信用信息进行分类分级管理，确定查询权限，特殊查询需求特殊申请。对于应公开和共享的信息未按照规定公开和共享的，或超出规定时限的行为，应给予相关部门一定的惩罚，特别是给予部门主要负责人和主管领导相应的处罚。

二是加快政府信用信息与市场服务机构的融合。依托全国信用信息共享平台加强与市场化信用服务机构的信息共享。由于缺乏有效的信息来源，当前市场化的信用服务机构难以提供高质量的信用服务产品，信用信息对各市场主体的激励惩戒机制难以有效地发挥作用。此外，市场信息滥用情况普遍，各种信息盗用情况严重，这本身就是扰乱市场秩序的行为。无论是从提供高质量的信用服务产品角度，还是规范市场信息的盗用行为，都应该加强政府信息与市场服务机构的融合。在此过程中，加大对盗用信息的惩罚力度以提高加大非法使用公共信息的成本，达到市场机构合法使用公共信息的成本低于非法使用公共信息的成本。

三是加强网络平台信息共享，特别是失信信息共享。互联网迅速发展，多项活动由线下转到线上，相关信息的传播也转到线上。众多互联网平台掌握着大量信息，但是平台之外的主体难以获取。可考虑依托全国信用信息共享平台建立完善交易双方信用记录，以实名注册信息为基础，及时将恶意评价、恶意刷单、虚假流量、图物不符、假冒伪劣、价格欺诈以及失信行为信息纳入市场主体信用档案，使失信者在平台间"一处失信，处处受限"，维护市场秩序。

三、构建以信用为基础的市场监管机制

政府治理水平提升，需要将信用信息真正融入政府管理中。在信息充分归集和全面整合的基础上，推广公共信用产品在行政管理事项中的嵌入式应用，实现信用联合奖惩及时响应、高效协同。对有信息化业务系统支撑的事项，按照事项特征分类开发接口，推广嵌入式应用，在事

项办理过程中通过接口实现公共信用产品信息、相应信用措施推送以及奖惩结果反馈。

四、完善以信用修复为重点的主体权益保护机制

社会信用体系建设是为了让市场主体诚实守信，惩罚只是手段不是目的，在市场主体受到失信惩戒后如何修复信用仍需考虑。目前主要的工作难点在于信用修复，随着失信惩戒工作的推进，信用修复的需求与日俱增。目前，一些地方虽然制定出台了信用修复制度，但总的看来信用修复的全面共识尚未形成。研究信用修复，首先应当研究解决公共信用信息中有关失信信息的规范问题，对失信信息的认识不一致、界定不统一，信用修复就难以形成统一框架。在此基础上，对失信信息从失信严重程度角度加以科学分类，有针对性地提出与失信严重程度相适应的分类修复条件。

五、加强联合奖惩的制度化建设

联合奖惩是将政府管理、各种信用手段结合在一起的多方位社会秩序维护手段，在发达国家已经证明有很好的应用效果，对健全社会信用体系建设作用明显。联合奖惩工作的顺利开展需要各部门、各地区的密切分工协调。需要进一步完善协同工作机制，有效地落实责任分工，保障社会信用体系各系统协调运行。目前，我国已经出台了50余个联合奖惩备忘录，初步建立起了联合惩戒大局，但是尚未形成固定制度，不同备忘录之间的协同性还有待加强。因此，需制定统一的措施清单，强化法律法规依据；建立联合惩戒备忘录实施情况的评估机制，梳理联合奖惩中存在的问题，寻找改进方向，督促各相关部门和地方继续拓展应用场景，加强联合惩戒力度。此外，联合奖惩工作还需加强与市场机构建立合作机制，扩大联合奖惩覆盖范围。

六、营造良好的信用服务市场环境

一是加快构建信用产品应用体系。形成全国统一的涵盖基础性公共信用产品和个性化信用产品的公共信用产品体系。基础性公共信用产品由公共信用服务机构统一提供，个性化信用产品由市场信用服务机构根据应用场景定制。基础性产品应当具有一般适用性，基于统一整合后的原始公共信用信息，通过聚类展示和规范加工，直观地刻画主体的信用形象，具有简明、易用和权威等特征。个性信用产品，是基于行业需求、区域需求、主体特性的定制化产品，满足特定应用场景的个性化需求。公共机构和市场化机构应发挥各自优势，形成互补的产品格局。让信用记录不论是在公共管理中，还是在日常生活中强化信用产品应用，让信用对人们的行为有所影响，让市场主体切实感受信用的力量，感受到诚实守信带来的好处和失信带来的不便，巩固和提升诚实守信的社会氛围。

二是加强信用服务机构培育和监管。信用服务机构很大程度上决定了社会信用体系的活力以及信用服务需求能否得到有效满足，也影响了社会信用体系建设在服务于经济高质量中所起到的实际作用。发达国家社会信用体系不断完善的过程，也伴随着各类信用服务机构发展壮大的过程。当前，信用服务机构的发展，应当坚持培育与监管并重。现阶段应当对监管问题予以重点考虑。长期以来，对信用服务机构一直缺乏统一高效的监管体系，信用服务机构作为特殊的市场主体，逆向选择和道德风险问题难以避免。只有构建统一的监管体系，建立有效的监管手段，形成对信用服务机构及其从业人员的常态化约束，才能真正推动信用服务机构依法参与竞争，保障信用服务业健康发展。在有效监管的前提下，可着力培育 2~3 家具有国际影响力和竞争力的信用服务机构。

七、国外社会信用体系建设历程——以美国为例

随着市场经济逐渐取得绝对主导地位并走向成熟，陌生人之间的信用

活动成为主流，信用主体、信用活动快速发展并形成了许多沿用至今的基本形态。频繁的信用危机催生出了一套适应市场经济发展的外在信用制度和信用管理体制，并最终形成了相对完善的社会信用体系。本部分主要总结了美国是如何构建社会信用体系，为经济高质量发展提供诚实守信的社会环境。

（一）信用服务机构开始出现，但信用对市场主体约束有限

这段时期主要是 19 世纪 30 年代至 20 世纪中期。因为一些商业上的需求而需要了解更多信息，同时也是由于 19 世纪中期开始出现交易中诈骗、赖账导致交易双方不值得信任的情况频繁出现。为保证交易顺利进行，提供资信服务的信用中介公司开始出现。美国最早出现的信用中介公司成立于 1837 年。1860 年，第一个区域性的个人征信机构出现在纽约布鲁克林。

早期的个人信用报告所含内容不多，信息收集方式简单原始。个人信用报告并无标准，除了采集消费者的姓名、地址和信贷信息，还从报纸上四处搜寻关于犯罪、职务提升、结婚和死亡的信息，这些信息会被剪辑并张贴在消费者的纸质信用报告中。在欧美社会很多年前有种被称为"快乐大篷车"的活动，其实就是信用中介公司的信息采集小组，进行数据的搜集和共享。虽然收集方式简单、原始，但这是当时地区性征信机构能够获取信息的唯一手段。

信息共享程度不高限制了信息对社会成员的约束作用。在这个阶段，收集的信息主要应用于各种各样的零售商和百货商店的分期付款。信用中介机构都是以地方性机构的形态出现，是由各个地区的商家分别发起设立的非营利性组织，组织分布较为分散，主要为所在地区提供信贷信息，且不同机构间的信息很少相互交流共享。由于信用中介机构相互之间没有共享机制，只拥有局部信息，因此关于消费者的信息不完整、覆盖人数有限、信息不对称等情况仍然存在，信用社会成员的约束作用还需要加强。20 世纪 50 年代早期，一些征信机构仍然聚焦于当地市场的某一特定地区，服务于某一个放贷机构，主要从事交换负面信息。60 年代，征信开始分行业经营，并且靠纸质文件运行，一些银行、零售商和金融公司发起成立征信机构，但是没有跨行业的信息交换。在这期间，大部分信用报告业务仅局限于某一个特定的行业，不同的行业之间（如银行和其他金融机构之间）并不共享信用信息，从而限制了信用信息对社会成员的约束作用。

企业信用信息收集应用开始出现。19 世纪中叶，美国的铁路产业得到空前发展，铁路业的繁荣对资本产生大量的需求，而银行和直接投资所能提供的资本已经不能满足其发展需要。因此，铁路和其他一些公司开始通过私募债券市场来筹集资本。此前，美国的债券市场主要由联邦政府和地方政府债券组成。由于投资者认为政府有意愿也有能力履行其债务，因此很少有投资者需要了解政府所筹集资金的用途以及相关的商业计划和财政事务。而私募债券则不同，随着越来越多的公司债券在市场上出售，信息不对称的情况也越来越严重，投资者需要获取债券发行者更好的、经济实惠的、更乐意接收的信息。三大评级公司的逐渐开始推出一些初级的信用产品，1868 年亨瑞·普尔首先出版了《美国铁路手册》，1909 年约翰·穆迪在其出版的《美国铁路投资分析手册》中首次发布了美国公司的评级情况，惠誉出版公司于 1924 年开始评级。到 1924 年，美国债券市场上几乎100％的债券都有了评级。在 20 世纪 30 年代的经济危机中，大批的美国公司破产，债券倒债事件层出不穷，在这些倒债名单中被评级机构定为高级别的债券却很少违约。这让投资者和管理当局确信，资信评级可以为投资者提供保护。证监会和银行监管部门先后作出了一些具体规定，在限制了一些高风险债券进行投资的同时，利用评级机构对债券进行评级，并以评估结果作为投资的准则。

（二）信用体系建设朝着规范化、信息化方向发展

美国的信用交易经过长时间的实践，信用在社会生活中形成了较大的影响。信用体系逐步完善有效地促进市场规范，促进消费模式创新，资金使用效率提升。早在 20 世纪 40 年代末，美国有 49％的新车购买、54％的旧车转让、46％的电视机销售就已经建立在了信用交易的基础上。到 1960

年，信用消费已经占到美国消费总量的 12%。但是野蛮化的增长方式也给社会带来了一些负面影响，急需规范发展。因此，信用相关法律法规在 70 年代前后陆续出台。此外，随着交易范围逐渐扩大，原先信息收集、整理和分析等方式已经不适应社会对信息的需求，信息技术的发展也为新的业务模式提供了可能，美国信用体系建设同时朝着信息化和规模化方向发展。

美国社会信用建设方面法律法规陆续出台。在 20 世纪六七十年代，社会各个有关方面都对国会适时出台信用管理相关法律提出了强烈要求，美国开始制定与信用管理相关的法律，1970 年《公平信用报告法》（FCRA）正式颁布生效，以此为基础，形成较为完整的信用管理法律框架体系，自此美国信用行业进入规范化发展的轨道。而且几乎每一项法律都随着市场发展情况的变化进行了若干次修改。其中包括：1966 年的《信息自由法》、1972 年的《联邦咨询委员会法》、1976 年的《阳光下的联邦政府法》、1979 年的《统一商业秘密法》、1974 年的《隐私权法》、1968 年的《消费信用保护法》、1975 年的《平等信用机会法》、1978 年的《公平债务催收作业法》、1969 年的《诚实借贷法》、1975 年的《公平信用结账法》、1970 年的《信用卡发行法》、1975 年的《公平信用结账法》、1970 年的《信用卡发行法》、1988 年的《公平信用和贷记卡公开法》、1978 年的《电子资金转账法》、1978 年的《社区再投资法》以及 1996 年的《公平信用报告改革法》等。

信息技术发展加速了信用服务机构的整合。1956 年大型计算机的出现以及信用评分技术的推出，对征信业务产生了巨大影响。征信在 20 世纪 50 年代才扩展到银行业，而各类计算机系统是现代征信业发展的催化剂。征信业充分利用计算机和数据库技术处理、组织和报告信用数据，这些机构利用计算机技术来提升运营的效率，更快地迁移数据并且引入更多的行业进入征信系统。将征信系统全部转移到计算机系统的大额花销，迫使一些规模较小还没有实现数据自动化的征信机构出售它们的文件，退出这个行业。随着消费信贷业务的不断扩张以及信用卡的出现及推广，地区性的个人征信机构信息收集成本较高，无法适应全国性的客户要求，部分没有足够竞争实力的小型地区性个人征信机构也逐渐被兼并收购。政治上、技术上和市场上的压力促成了70年代的现代征信机构的诞生。地方性的征信机构不断被整合，信用信息开始有效地共享和交换，消费者信用记录数在增加，覆盖的消费者人数也在增加。80年代初，信用报告的内容、存储和处理流程都发生了很大变化，更多准确的信息（如姓名、地址和社会保障号）都以电子形式储存，包含信贷、查询和公共记录信息（如破产、判决和抵押信息）。过去通过电话了解报告的过程也转换为通过电子格式存储和阅读。在这个阶段，征信开始应用于信用卡审批，从而出现了征信服务自动化。计算机技术、市场动力和《公平信用报告法》使征信机构从"报纸上剪辑结婚公告的区域性行业协会"，发展到"服务于全社会的高效整合的信息系统"。

债券违约高发促进企业评级的快速发展。20世纪30年代爆发的世界性经济危机导致大量公司破产，债券到期无法偿还。投资者和政府意识到信用评级的重要性，投资者开始重视对评级结果的利用，政府则开始规定利用评级机构的评级结果，并以其作为投资的依据，这些规定促进了信用评级机构的发展。70~80年代美国债券市场发生了大量的债券违约事件，包括美国金融史上最大的倒闭事件——宾州中央铁路公司事件。这些事件的发生使投资者开始有选择地利用信用评级机构及其评价结果，促进了信用评级业的整合和评价方法的改善。同时，信用评级机构开始由主动评级转变为接受委托评级，并开始向发行人收费，同时穆迪公司开始对商业票据和银行存款进行评级，评级范围有所扩大。

（三）社会信用体系建设进一步规范、高效

信用服务机构加速兼并重组。自20世纪中期起，美国各地一些规模相对较大的消费信用局开始收购、兼并相对弱小的竞争对手，仅联合信用局的成员机构就从20世纪60年代的2000多个骤减到90年代后期的500个左右。同时，大型信用局开始大量投资，实现设备更新和自动化，完全实现信用局总部与各地区分支机构之间的信息传输的自动化。规模小的信用局无法吸引大的贷款机构参与信息共享，只能依靠购买大型信用局的信息

维持运营。90年代末期，美国只剩下约1000家信用报告机构，其中95%规模很小，基本上是为某个特殊市场或行业提供信息服务，如专门为牙医提供病人信用信息的信用局，为电话电信公司提供客户信息的机构等。那些极少数规模较大的信用局主要服务于信用卡、大型零售连锁店等对消费信用信息需求极大的行业，销售收入占到整合行业的2/3以上。经过长时间的市场竞争，优胜劣汰，目前美国消费信用局形成了三家规模庞大的信用局与2000多家小型信用局并存的局面、它们各自满足着不同的市场需求，共同促进美国个人信用体系的发展完善。美国信用评级行业集中度高，国际三大评级机构具有明显的垄断地位。SEC的2015年报显示，标普、穆迪和惠誉3家机构收入占所有NRSROs公司的比例为93.2%，在分析师数量方面三家分析师数量合计占比达到87.21%，这三大评级机构在除保险公司外的所有行业类别中都位居前三。

通用型的信用产品逐步影响人们的生活，信用对主体的约束显著增强。随着计算机普遍应用和现代社会网络的发展，评分的运用和取向越来越集中在少数几家公司，形成行业垄断，越来越受到银行、信用卡公司以及整个信贷行业的青睐。以至于消费者在美国东海岸出现的任何形式的信贷拖欠，到西海岸申请贷款时都会遭到质疑，不良记录无以遁形。在所有的信用分中，FICO信用分是最常用的一种普通信用分。美国三大信用局均使用FICO信用分，每一份信用报告上都附有FICO分。近年来，FICO信用分运用得越来越普遍，汽车贷款、房屋抵押贷款、保险费的计算以至于手机销售都与这个积分相关。FICO信用分的普遍应用意味着美国信用报告日益专业化和电脑化，它不同于早期的信用档案，只简单罗列消费者的信用历史卖给使用者。FICO信用分的出现促进形成了一种更科学、更容易评估的制度。除了通用型的信用产品外，还有多种专业性的信用产品影响着人们的行为。

市场竞争加剧和互联网技术发展促进信用行业不断进行业务模式的创新。计算机技术迅速发展促使信用服务机构使用新技术，探索信用信息新的应用场景，针对传统信用服务业务进行延伸和发展。如个人征信机构提供了新的消费者服务，如身份保护、账户监测、防欺诈、信用报告和信用评分监测等产品和服务。

（四）美国社会信用体系建设历程的经验启示

通过美国社会信用体系建设历程的分析，社会信用体系建设是一项系统性、长期性的过程，社会信用体系建设需要适时走向法治化和规范化，需研究技术变革对社会信用体系建设的影响。

一是社会信用体系建设是一个循序渐进的过程。美国成立之初至19世纪末期社会诚信缺失，市场经济发展尚未成熟，交易中诈骗、赖账导致交易双方不值得信任的情况频繁出现，开始出现针对信用信息收集应用的行为，由一开始小范围的几人联合收集信息行为逐渐向大规模的专业性信息收集转变，信用对市场主体的影响逐渐增强，由失信事件频发、对失信主体约束性弱逐渐向失信行为较少、对失信主体有强约束力转变。这是一个长期的演化过程。我国自改革开放以来才40年，由计划经济向市场经济转变过程短，社会信用体系建设进入快车道也才10来年，虽然还存在这样那样的问题，但是目前取得的成绩已属不易，应存有循序渐进的理念，不能强求一步到位。

二是社会信用体系建设过程需适时走向法治化和规范化。美国社会信用体系建设的法治化和规范化主要是从20世纪70年代开始。社会信用体系建设实践推动了法律法规的出台，法律法规反过来推动了社会信用体系建设走向规范，推动了美国社会的诚信度提升。我国社会信用体系建设推动较快，但相关法律法规出台较为滞后，规范程度亟待提高，否则不利于社会信用环境优化提升社会信用度提升，与美国20世纪60年代的情形有相似之处，相关立法需加快进行。

三是把握新技术变革对社会信用体系建设的影响。信息技术发展对美国信用体系建设进程产生了较大影响，信用服务机构运用计算机和数据库技术处理、组织和报告信用数据，这些机构利用计算机技术来提升运营的效率，引起了行业经营方式的巨大变化以及行业洗牌。当前，大数据、区块链等技术发展势头迅猛，对我国社会信用体系建设将会产生怎样的影响，需要好好研究。

5 Chapter

第五章
社会信用体系在监管中的应用

　　信用监管是依照信用评价结果采取分级分类监管的新型监管模式，具有差异化监管、事中事后监管、协同监管等特征，在提升监管效能、适应经济变革需要及助推营商环境优化等方面具有重要作用。本章构建了包含法律法规依据、实施主体、实施手段和支撑保障四个方面内容的信用监管框架。我国社会信用体系建设为信用监管提供了坚实基础，同时信用监管也逐渐发挥作用。但是，监管中也存在新监管理念尚未普及、监管依据不足、监管基础薄弱等问题。因此，结合信用监管中存在的问题与不足，提出了加强法律法规和信用共享减少、夯实联合奖惩制度基础及加强信用监管支撑保障等建议。

第一节　实施信用监管的重要意义

　　我国持续推动营商环境优化，市场主体数量快速增加，新经济、新业态、新模式不断涌现，监管工作面临较大压力。如何有效地提升监管效能、适应经济变革、加快政府职能转变成为重要议题。信用监管作为新型监管方式，在监管理念、监管手段、监管效率等方面相对于传统监管具有较大变化，且成为应对新情况、新问题的重要选择。

一、信用监管助力提升监管效能

在国务院大力推动了取消审批事项、审批权限下放、负面清单、"先证后照"等一系列商事制度改革后企业数量短期内快速增加，监管工作面临巨大挑战，迫切需要在监管资源无法大量增加的情况下提升政府监管效率。信用监管在维护市场交易秩序、提升监管资源利用效率等方面发挥重要作用，其能有效应对严峻经济形势、市场主体"井喷式"增长、市场主体形式发生重大变化等市场形势的变化。而且，社会失信现象频发也是催生政府推动社会信用监管的重要原因。信用监管使监管部门在监管资源分配上更聚焦、更有针对性，实现监管信息快速更新，通过信用信息共享与联合奖惩，将小范围"权利能力"在一定时期、一定条件下扩展为全方位限制，降低监管成本，大大地增强了监管的有效性，方便有效应对监管资源不足的问题。

信用监管有助于维护市场经济秩序。信用监管通过"异常名录""黑名单"、联合惩戒等对失信违法的市场行为进行全方位限制，使失信违法市场主体"一处违法，处处受限"，其巨大的威慑力会促使市场主体在日常经营中更加注重合法合规、提升信用度，促使市场主体及时纠正自身经营管理中出现的问题，市场主体失信违法行为将大量减少。否则一旦失信，市场主体的信誉和经营活动将会受到重大影响。信用监管机制健全情况下，市场主体可以降低成本对交易方资信状况进行较为全面的评估，有利于选择交易对象，降低交易成本。

二、信用监管适应了经济变革需要

以大数据、云计算等为代表的新一轮科技革命和产业变革，促进了技术、资源、产业和市场的跨时空、跨领域融合，新产业、新业态、新模式不断涌现，颠覆了许多传统生产经营和消费模式，对市场监管提出了新要求、新挑战。信用监管可根据市场主体信用情况采取差异化的监管举措，可根据市场变化不断探索新的监管措施，更好地适应科技革命和产业变革新趋势的需要。而且，信用监管具有"间接管理"的特征，利用市场力量约束市场主体守信法，变政府对市场主体的直接监管为更多地用"信用约束"来改变企业行为，使企业从外控式守法变为内生式守法。

三、信用监管助推营商环境优化

"放管服"改革实施，政府由管理型政府向服务型政府转变，对市场主体准入放松、监管重心后移、政府部门间联动、政府与企业社会间的协同性进一步加强，政府治理手段需更加多样有效，进一步助推营商环境优化。市场在资源配置中起决定性作用，为更好地发挥政府作用，政府要从发展的主体转为推动发展的主体，营造公平竞争的市场环境，这是国家治理体系和治理能力现代化的客观要求。法治政府对公平和规范监管提出了更高要求，有限政府要求明确政府与市场界限，需要压缩以罚款作为传统监管手段的自由裁量权，尽量降低对市场主体正常经营的干扰。信用监管为惩戒失信违法行为提供依据，根据市场主体不同信用状况采取差异化的监管措施，既能够规避传统监管手段弊端，又能够提高监管的准确性和效率，还可通过信息公开吸收社会力量参与监管，将监管由政府单一主体的封闭式监管提升为社会多元参与的开放式监管，符合政府职能转变的要求。

第二节　信用监管的内涵及主要内容

一、信用监管的内涵

监管是监管部门依照法律法规规定，对市场主体经济行为进行规范的活动。信用监管是监管部门依照市场主体信用状况采取分级分类差别化监管措施的新型监管方式。信用监管的实施主体是各级政府及其工作部门，只要有承担行政管理或市场监管职能的行业管理部门都应当承担信用监管职能。信用监管的对象为产生信用行为的各类经济社会主体，包括具有民事行为能力的自然人、法人和非法人组织、个体工商户等。

信用监管本质上是将社会信用体系应用到监管过程中。相对于传统监管手段来说，信用监管有其鲜明特征是基于市场主体的差异化信用状况而采取差异化监管措施。信用监管在改变传统监管的同时，更加注重事中事后监管；同时，信用监管的多途径信息来源及评价等也要求各部门密切配合。

首先，信用监管是差别监管。监管的目的在于让市场主体按照法律法规和行为指南从事经济与社会活动，并在满足一定约束条件下行事。但是，由于监管资源是有限的，不能在所有市场主体上均衡用力，必须把有限的资源用在"刀刃"上才能实现更加有效的监管。信用监管就是要借助于市场主体信用的差异化评价，根据市场主体不同的信用等级来实施差异化监管措施，为差异化的监管措施提供依据，这样能够更加合理、有效分配监管资源，并将有限的监管资源配置在需要重点监管的领域、环节及对象上，用相同的资源起到更好的监管效果。

其次，信用监管是以事中事后监管为主。信用监管是以市场主体已经发生过的信用记录为基础进行的监管，是用过往信息来决定现在的行为，这决定了信用监管是以事中事后监管为主，以事前监管为辅。在不同的环节侧重点有所不同，形成相互配合的分工：在监管的事前环节，主要是制定事中事后监管的一系列制度和规范标准，从而为事中事后监管提供依据；在监管的事中环节，重点是记录市场主体在生产经营活动中产生的各类数据，根据产生的各类数据对市场主体进行信用评价，依据评价结果对市场主体实施分级分类监管，并为后期的应用提供支撑；在监管的事后环节，主要是在事前和事中一系列措施的基础上，各部门进行联合奖惩，基于事前事中制定的标准和市场主体状况实施一系列激励和惩戒措施。

信用监管也是协同监管。信用监管需要市场主体各方面的信息作为依据，信息来源于不同部门，而且后续联合奖惩等措施也需要各部门之间协作，因此要求各部门加强协同。协同监管可以分为部门协同和手段协同两种方式。其一，部门协同就是要改变传统的各个部门单打独斗监管方式，通过将各部门有限的监管资源汇聚在一起协同使用，而且还需要广泛纳入社会力量参与监管，起到"1+1>2"的效果，有效地提高监管效能，从而倒逼市场主体重视自身信用状况，注重加强自身信用管理，为营造遵纪守法、诚实守信、公平竞争的市场环境提供良好的基础。其二，手段协同就是激励和惩戒两种方式同步使用，根据市场主体不同的信用状况，在大力惩戒市场主体失信行为的同时，也应该强化对守信主体的激励作用，使市场主体更深刻地感受到失信的坏处和守信的好处，如图5-1所示。

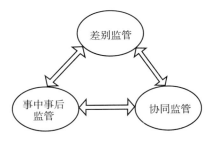

图5-1　信用监管特征

二、信用监管的主要内容

信用监管是一套系统工程，需要建立一套信用监管框架。从监管构成要素来看，主要包括法律支撑、实施主体、实施手段及保障措施四个方面，如图5-2所示。

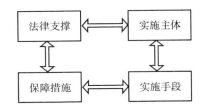

图5-2　信用监管制度体系的主要内容

（一）信用监管法律依据

信用监管作为一项系统性工程，渗透到经济社会各领域。由于信用监管相对于传统监管来说，监管理念、监管手段、监管依据等都有较大的变化，而且更加需要强有力的依据。因此，需要覆盖全面的法律法规体系，为信用监管提供坚实的法律法规支撑。

首先，社会信用体系是信用监管得以实行的前提和重要支撑，对信用监管能否开展及效果影响巨大。社会信用体系作为新的中国特有的提法，与中国实际紧密结合，应加快推动社会信用法的制定实施，以促进建立完善的社会信用体系，为信用监管提供基础支撑。

其次，社会信用体系相对传统金融领域征信来说含义更广、更丰富，对相关条例的需求也更多。因此，在实施过程中需要在已有的《征信业管理条例》基础上，加快推出公共信用信息管理条例等相关条例，为信用监管提供更完善的法律法规体系。

最后，针对信用监管涉及面广、链条长等特点，应有完善的信息归集、管理、共享开放、应用、联合奖惩、主体权益保护等信用体系全链条的规章制度，为监管提供充分依据。同时，考虑到各地方市场主体差异性较大，在进行信用监管的时候需要充分考虑实施对象的差异性。在全国统一的法律法规及规章制度下，可鼓励地方层面开展信用监管立法创新，在满足全国统一层面关于信用监管要求的前提下，开展地方信用监管探索创新并上升到地方规章制度层面，为更好地开展信用监管提供可靠的基础。

（二）信用监管实施主体

信用监管实施主体指的是具体操作者，既包括各相关部门，也包括为实施操作成立的一些平台载体，这些是信用监管得以顺利实施的基本保障。

信用监管机构是信用监管执行主体，主要指各级政府及其工作部门，还包括行业协会商会、市场机构等参与监管的各类社会力量。信用监管机构依据法律法规制定信息归集、管理、共享开放、应用、联合奖惩、主体权益保护等信用监管各步骤的实施办法。监管机构履行职责时，应加强信用信息的使用，以信用手段提升监管效能，维护诚实守信的市场环境。其中，各级政府部门和具有行政管理职能的社会组织是最重要的组成部分，主要包括信用管理部门和行业监管部门。信用管理部门的职能主要负责信用监管顶层设计，与其他部门统筹协调信用监管体系构建和完善工作，如推动信用监管相关法律法规、制度规范、信用信息平台等信用监管基础设施，指导同级行业监管部门、公共信用信息平台开展工作。行业监管部门职能为接受各级信用监管部门的指导，依据法律法规制定行业内信用监管措施，建立和完善本行业信用监管流程，将信用监管各项手段应用到行政管理中。同时，需要将监管中产生的信用信息报送至同级公共信用信息平台。

信用监管平台是归集监管信息和整合监管力量的机构，负责将各部门的信用信息归集整理，加强部门监管协调。信用监管平台包含统一的信用信息归集平台和专业性归集平台。统一的信息归集平台由具有综合协调职能的部门主导建设、其余部门协同，负责收集整理市场主体信息，给出市场主体基础性信用画像；专业性归集平台由相关主管部门负责建设，给出市场主体更为精准的画像，两类系统需有效衔接。根据平台归集的信息，管理相关平台的机构需牵头制定出包含对应具体事项的信用监管守信激励、失信惩戒、其他分类管理补充名单，梳理各种实施手段的管理清单等，建立信用监管措施实施体系。

（三）信用监管实施手段

信用监管实施手段指的是监管执行的具体手段和执行机制。具体手段按照监管的先后顺序可以划分为事前、事中、事后三个环节，执行机制指建立监管进行过程中的"发起—响应—反馈"一整套流程。此外，由于不同行业差异性较大，为保证监管针对性更强，在通用型手段和执行机制情况下，还应有根据行业特点的各领域具体办法。

信用监管具体手段分事前、事中、事后三个环节。事前环节包括：大力推广信用承诺制，开展经营者准入前诚信教育，拓展信用报告应用等。

如信用承诺制，打造承诺审批闭环，信用嵌入监管平台，实施负面清单外，实现市场主体办事"一证通办、快速办理"。事中环节包括：建立市场主体信用记录，建立健全信用信息自愿注册机制，开展公共信用综合评价，推进分级分类监管。通过统一的信用监管平台，确定监管事项、检查内容等目录清单，对监管事项实施计分式或达标与否判断，记录检查结果。事后环节包括：健全失信联合惩戒对象认定机制，督促失信市场主体限期整改，开展联合奖惩，依法依规实施市场和行业禁入措施，依法追究违法失信责任及建立信用修复机制等。如联合奖惩应用，可将信用平台嵌入至各地、各部门的办事系统，实现自动推送评价结果、自动匹配红黑名单、自动嵌入奖惩措施、自动汇集奖惩情况等自动操作，为办理登记、审批等业务提供信用风险参考。

信用监管执行机制指在监管过程中的执行方式，分为部门内部执行机制和外部执行机制。内部执行机制是指各监管部门根据自身职责，结合信用监管手段等，制定出权责清单，在执行中照章办事。外部执行机制则涉及与其他部门协同，包括本部门发起其他部门协同及其他机构发起本部门响应。在执行过程中，应该加强新技术应用，建立"名单自动对比，措施自动匹配，效果自动反馈"系统。名单自动比对，政府部门进行管理和服务过程中，根据事先确定的标准明确服务对象在信用分级分类监管体系中的所处的位置；措施自动匹配，根据名单比对结果，实现信用监管措施的自动匹配和实施；效果自动反馈，包括所办理的管理或服务事项以及涉及部门、涉及监管对象名单的类型或分类管理层级、所对应采取的联合奖惩或分类管理等信用监管措施等系统自动反馈统计。

各领域差异化的办法指根据领域特点制定差异化的监管手段。信用监管涉及的行业很多，每个行业有其自身特点，差异性较大，既需要构建针对大多数领域都适用的监管办法，也需制定针对专门领域的监管措施。各监管部门应加强信用监管力量配置，设置专职机构和专职人员加强信用监管力量。市场监管部门需加强与各职能部门合作，注重将信用监管一般性措施与行业特性有机结合，制定出适合行业特点的信用监管办法。如企业环境信用评价领域，根据企业公共信用数据加生态环境部门内部数据，共同构建一套企业信用环境评价标准，根据评价结果进行内部、外部使用，进行分级分类监管。

（四）信用监管支撑保障

为使信用监管有效开展，还应有一系列支撑保障措施，包括建立实施主体协同价值、信用评价体系、强化主体权益保护及相关考评机制等，为信用监管顺利推进提供强有力支持。

实施主体协同机制指各监管机构合作的制度安排，涉及政府不同部门间、政府部门与市场、行业、社会资源之间协同监管。信用监管天然要求各部门密切配合，才能实现较好的监管效果。政府部门之间协同监管涉及业务流程优化再造，建立跨部门、跨层级、跨区域之间的业务流程和工作程序的协同安排，包括业务各环节链条之间的衔接、协同，线上与线下的协同，将信用分类管理、联合奖惩等措施嵌入具体监管和服务应用事项的事前、事中、事后，实现信用监管的全流程、体系化运行。协同机制还需引入社会力量，引导行业协会商会、专家协会、市场机构、市民代表等参与监管，构建多主体参与的综合监管体系。

信用评价体系是市场主体信用监管有效开展的重要基础，为开展差异化监管工作提供分类依据。信用评价体系应该包含可用于评价的基础信息以及信用产品开发。基础信息应用于监管过程中的直接判断依据，作为符合优惠条件或实施惩戒措施的根据。信用产品的开发还需要考虑监管要求和实践情况，综合利用企业行政审批、监管执法、投诉举报、市场机构等信息建立市场主体信用评估模型，为实施信用监管提供支撑。

市场主体权益保护指的是信息安全保护及信用修复，包括在监管过程中的信息保护、失信信息提示、异议处理、信用修复等。信息安全保护需明确信息保护的范围、信息保护方法及泄露信息惩戒措施等。信用修复需明确修复内涵、区分模式、规范实施环节、相关主体权责、修复条件、修复方式、修复程序、异议受理处理标注机制等。信用修复还应体现关爱救济和鼓励自新原则，建立事前失信提醒和警示约谈机制及轻微失信免罚机制等。

评估考核机制指的是为信用监管查缺补漏的安排，对信用监管实施效果、出现的问题及原因进行系统评估，并针对存在的问题给出解决办法等。具体来看，评价考核主要从监管机构、监管平台、信用评级体系、监管实施手段、监管协同机制、权益保护、各领域具体办法等方面对信用监管进行诊断分析，考察信用监管实施效果的跟踪、评价、反馈和动态优化机制，找出问题和不足并加以改正，促使信用监管体系更加科学完善有效。评价考核机制可分为内部评价考核和外部评价，内部评价考核指上级政府对下级政府评价考核，外部评价考核可请第三方独立机构进行。内外考核结合可充分利用各主体的资源和优势，对信用监管进行更好的诊断分析。

第三节　信用监管的实践及存在的问题

构建信用监管的关键在于理顺政府、市场与社会三者间的关系，由于信用监管体系是一个庞大而复杂的工程，不仅涉及政府与非政府部门的协调与合作，而且涉及政府内部各部门间、中央政府与地方政府间的协调与联动等方面。为推动信用监管，我国已经进行了大量尝试，为进一步推动信用监管提质增效奠定了良好基础。但是，由于信用监管相对传统监管来说，在监管理念即监管手段等方面都具有较大的变化，在实践过程中还存在不少问题与不足。

一、我国信用监管实践基础

（一）推动信用监管法律法规和制度建设

编制《社会信用体系建设规划纲要（2014－2020年）》，以此为统领明确未来发展的重大任务和目标，国务院办公厅出台《关于加快推进社会信用体系建设构建以信用为基础的新型监管机制的指导意见》，进一步发挥信用在创新监管机制、提高监管能力和水平方面的基础性作用；推动法律法规和制度建设，如颁布实施《征信业管理条例》，出台《国务院关于建立完善守信联合激励和失信联合惩戒制度加快推进社会诚信建设的指导意见》等政策文件，各部门树立"公示即监管""共享即监管"的理念，制定出台《企业公示信息抽查暂行办法》《企业经营异常名录管理暂行办法》《关于依法对失信被执行人实施信用惩戒的通知》《工商总局关于新形势下推进监管方式改革创新的意见》等部门规范性文件，还与多个部门联合发布了多项联合奖惩备忘录，为信用监管提供了大量工作抓手。

加强失信联合惩戒对象的精准认定。在《国务院关于建立完善守信联合激励和失信联合惩戒制度 加快推进社会诚信建设的指导意见》指导下，失信联合惩戒对象认定机制逐步健全，联合惩戒备忘录中关于失信联合惩戒的对象以相关法律法规作为依据。其中，《失信企业协同监管和联合惩戒合作备忘录》关于协同监管和联合惩戒的范围做了详细的规定，对包括安全生产领域、旅行社经营领域、国有企业监督管理领域、食品药品经营领域及普遍性限制措施等 13 个方面的内容，失信惩戒名单根据法院判决、各监管部门的行政处罚、取消经营许可证等方面，均有法律法规作为依据。通过建立信息共享机制和联合奖惩机制，实现联合奖惩系统来实现名单推送、接收、响应、反馈等功能，限制经营异常特别是出现信用问题的市场主体行为，显著提升市场主体失信成本，优化市场环境。例如，上海在服务业引导资金信用管理中通过修订和制定相关制度明确信用监管要求，按照在事前、事中、事后三个环节嵌入信用方面要求，事前加入"信用承诺＋严重失信行为信用核查＋增设信用票"，事中环节加入"信用体检＋信用评分监测"，事后环节加入"失信联合惩戒＋信息反馈＋效果评估"的全过程信用管理模式来调整优化专项资金管理流程，并通过对申报单位开展公共信用评价来加强信用数据分析挖掘，强化信用风险监测预警。

强化违法失信主体的责任落实。只有责任真正落实到相关主体尤其是个人，监管才能有效发挥作用。国务院印发《关于"先照后证"改革后加强事中事后监管的意见》也要求对被列入经营异常名录、严重违法失信企业名单、重大税收违法案件当事人名单、失信被执行人名单、行贿犯罪档案等失信主体依法予以限制或禁入。在对市场主体限制从业的同时，尤其注意追究相关人员违法失信责任。针对违法失信行为的相关人员强化责任落实是失信治理的重要方面，在已出台的联合奖惩备忘录中，联合奖惩对象除相关涉事市场主体外，对涉事企业的法定代表人（负责人）、董事、监事、高级管理人员以及负有直接责任的相关人员等行为进行限制，失信信息由相关主管单位定期汇总后提供给签署备忘录的各部门，失信信息计入个体信用记录，个人任职、就业、出行、高消费等方面行为受到严格限制。机关事业单位、国企机关及其工作人员失信行为也有相应的限制，当地方政府被列入失信被执行人名单，政府领导在解决问题之前只能接受严格的限制措施；根据最新修订的《中华人民共和国公务员法》，2020年度国家公务员考试首次明确了开除党籍、被依法列为失信联合惩戒对象的人员不得报考。

（二）推动信用信息共建共享工作

成立以国家发展和改革委员会及中国人民银行为双牵头部门的社会信用体系建设部际联席会议作为统筹协调主体，40余家中央和国家机关及相关机构参与，共同推动信用信息共建共享工作。利用签署备案录等形式建立多个部门参与的信用信息共建共享机制，建立国家统一的信用信息平台，全国信用信息共享平台、国家企业信息公示系统、金融数据库等，信用监管信息共享程度大大提升。

全面建立市场主体信用记录。以国家企业信用信息公示系统、全国信用信息共享平台、金融信用信息数据库、中国执行信息公开网等平台为抓手，我国大力加强市场主体信用信息记录，在多个领域的信用信息收集、共享、公示等方面取得较大进步。以国家企业信用信息公示系统为例，新版系统正式开通后，统一归集公示各类市场主体注册登记备案、行政许可、行政处罚、抽查检查等信息，使散落于不同部门、行业、领域的信用信息得到有效归集到统一社会信用代码为索引的市场主体名下，丰富和完善了市场主体全景多维信用画像，整体提升了公示系统服务公众的水平，也保留了地方频道和特色公告，各级市场监管部门可进一步完善本级公示系统的功能和服务。

持续推动市场主体信息公开。通过建立市场主体信息公示制度和年度报告制度、"双随机、一公开"制度、建立市场主体经营异常名录制度、严重违法失信市场主体名单制度等，大大推进了市场主体信息公开透明。例如，市场主体通过登记注册向社会明示其经营范围、住所、法定代表人、注册资本等信息，以国家企业信用信息公示系统为平台强化社会信用监督作用。近年来，随着监管不断完善，市场主体年报内容不断增加，社保、统计和海关相关事项逐步纳入年报公示范围内。大力推进"双随机、一公开"制度，明确建立以"双随机"抽查、投诉举报、大数据监管、转办交办为主要方式的市场监管模式，规范行政检查行为，市场监管部门建立随机抽查事项清单、检查对象名录库和执法检查人员名录库、随机抽查工作细则等。建立健全市场主体经营异常名录制度，将出现公示信息隐瞒真实状况和弄虚作假、不及时报送年报、不按规定公示信息、通过登记的住所（经营场所）无法联系4种情形的市场主体列入经营异常名录，通过国家企业信用信息系统对外公示。建立严重违法失信市场主体名单制度，将市场监管部门各业务线条存在的违法失信情形均纳入其中，对列入严重违法失信市场主体名单的主体实施联合惩戒。

（三）地方探索"政府＋市场＋社会"多元信用监管模式

作为渐进性转型路径和"摸着石头过河"思维的具体实现形式，"试点—推广"式改革在中国治理实践中的普遍性和重要性有目共睹。我国信用监管体系建设也采取了先试点再逐步铺开的实践策略，典型的做法就是通过社会信用体系建设示范城市建设，推动社会信用体系建设，进而推动信用监管建设，使信用监管各环节深入推进。2019年7月，国务院办公厅印发《关于加快推进社会信用体系建设构建以信用为基础的新型监管机制的指导意见》，从创新事前环节信用监管、加强事中环节信用监管、完善事后环节信用监管、强化信用监管的支撑保障等方面建立健全监管环节的新型监管机制，为各地积极探索进一步指明了方向。2015年8月和2016年

4月共批复了43个城市作为创建全国社会信用体系建设示范城市试点，2018年1月和2019年8月确定了28个城市作为社会信用体系建设示范城市（区），通过示范城市的建设，2021年9月确定了34个地区作为第三批社会信用体系建设示范区。各个城市在推进社会信用体系建设的同时，在加强信用监管上作出积极探索。

创新事前环节信用监管。包括建立健全信用承诺制度、探索开展经营者准入前诚信教育、积极拓展信用报告应用等。首先是信用承诺应用，如湖北省信用办出台《关于全面建立信用承诺制度的通知》，提出具有市场监管、行政审批、仲裁公证鉴定等相关部门或协会应积极推广信用承诺制。其次是准入前诚信教育，如河南濮阳发改委在办理新能源、粮食棉花进口关税配额申报等事项时，在审查市场主体信用记录的同时会指导申报单位学习相关规定，引导经营者加强诚信教育、依法诚信经营。最后是信用报告应用，如浙江省人社厅在行政许可、审批等人社厅职权事项上应用劳动保障信用报告，劳动保障信用报告应用范围扩大到30多个行业主管部门、应用领域由社会保障扩大到经济、建设和社会发展等领域，福州市要求在房建和市政建设工程项目施工、监理招投标中试行使用第三方信用报告。

加强事中环节信用监管。包括全面建立市场主体信用记录，建立健全信用信息自愿注册机制，开展全覆盖、标准化、公益性的公共信用综合评价，大力推进信用分级分类监管等。首先是全面建立市场主体信用记录，如上海2017年率先打通政府公共信用信息与市场信用信息之间的壁垒，建立起以公共与市场信息交互共享为特色的上海商务诚信公众服务平台。其次是建立健全信用信息自愿注册机制，如舟山市建立信用信息自愿注册管理办法，主要包括组织和管理、信用信息注册、信用信息验证、信用信息应用、监督和异议处理五个方面内容。最后是开展全覆盖、标准化、公益性的公共信用综合评价，由国家发改委开展综合评价，地方根据评价结果进行相应监管。如青岛市对公共信用综合评价结果为"差"级的旅行社主要负责人进行警示性约谈并督促其整改，南宁市将评价结果为"中""差"的46家道路客运企业列为重点关注对象，增加检查频次，并对评价结果为"差"的企业进行约谈整改。大力推进信用分级分类监管等，相关部门根据市场主体的不同信用状况而采取差异化的监管措施，桂林市场监管局推行"信用＋市场监管"新模式，对食品生产经营者、药品经营者及餐饮服务者开展了信用等级评定，广州市场监管局以"智慧食药监"监管云平台为支撑，约17万家食品药品生产经营企业按"一企一档"标准建立信用档案。浙江提出以信用风险为导向优化配置监管资源，完善行业信用监管评价模型和预警模型，研发指数类、预警类和关联类信用评价产品，按照关联、相适应的原则，建立评价结果与监管资源挂钩机制，实施信用分级分类监管。

完善事后环节信用监管。包括联合惩戒对象认定机制、督促失信市场主体限期整改、深入开展失信联合惩戒、坚决依法依规实施市场和行业禁入措施、依法追究违法失信责任及探索建立信用修复机制等方面内容。健全失信联合惩戒对象认定机制主要由国家层面制定完善，如《失信企业协同监管和联合惩戒合作备忘录》中关于协同监管和联合惩戒的范围做了详细的规定，对包括安全生产领域、旅行社经营领域、国有企业监督管理领域、食品药品经营领域及普遍性限制措施等十三个方面的内容，失信惩戒名单根据法院判决、各监管部门的行政处罚、取消经营许可证等方面信息指出，均有法律法规作为依据。督促失信市场主体限期整改，公共信用信息评价结果推送至地方后，各地方政府按照评价结果督促市场主体整改。上海在信用行为监测及信用联动奖惩方面，注重信用数据的开放共享，并实行"互联网＋监管"模式，实现在线即时监督监测与政企"联防、联控、联打"机制。浙江湖州专门下发文件，要求各相关部门对本行业、本领域市场主体实施分级分类监管，并对评价结果为"中""差"级别的市场主体进行重点关注，在日常检查、专项检查中增加检查频次，及早排查、发现和消除隐患，督促"差"级市场主体整改，要求在限期内主动修正和整改失信行为。深入开展失信联合惩戒，通过建立信息共享机制和联合奖惩机制，限制经营异常特别是出现信用问题的市场主体行为。浙江省提出依法规范红名单和严重失信名单认定标准和程序，强化全省统一的守信联合激励与失信联合惩戒措施清单管理，以食品药品、生态环境、工程及安全生产等与人民群众生命财产安全直接相关的领域为重点，严格惩治屡罚不改、屡禁不止的严重失信主体，探索建立政府失信联合惩戒监测体系。

专栏 各地采取信用监管举措

1. 上海设网约车黑名单预警：已清退无运营资质车辆 30.5 万余辆

2. 江苏布下信息 "天网" 精准打击非法行医

3. 广东惠州中介超市 让信用管理 "戳到痛处"

4. 科技治超处罚完成率较同期上升 7 倍

5. "信用快审" 促项目落地 "加速跑"

6. "一户一卡一平台" 解决拖欠农民工工资顽疾

7. 浙江平阳县推行 "三色预警" 机制加强企业信用管理

8. 北京利用人脸识别为 "号贩子" 布下 "天罗地网"

9. 厦门自贸片区创新推行 "信用三公示" 护航经济发展

10. 浙江瑞安 "信用为缰" 严惩食品安全失信行为

11. 南京江北新区创 "信用 + 承诺" 绿色直通车审批模式

12. 惠州全面推行建设工程项目 "信用快审" 承诺制，欲打造一流营商环境

13. 宿迁： "信用承诺 + 契约管理" 洁净一座城

14. 荣成以信用管理凝聚乡村振兴力量 诚信成村民的 "第二张脸"

15. 浙江义乌：让信用取代证明材料，为守信者亮起 "绿灯"

16. 山东威海信用联合激励惩戒办法实现奖 "诚" 罚 "赖"

17. 杭州打造全国首个信用免押金城市

18. 江苏推行环保信用动态分级

19. 宁夏：信用监管规范秩序 打造公平竞争环境

20. 云南将加强信用监管完善食品安全追溯系统

21. 海南：建立健全信用监管 营造一流营商环境

22. 安徽省企业信用监管实现 "一网归集"

23. 山西商务领域推行 "全程信用监管"

24. 湖南常德：让监管在阳光下进行

25. 京津冀共建旅游信用监管平台 实现跨区域信息查询共享

二、信用监管存在的问题

（一）信用监管理念尚未普及

信用监管属于新事物，各相关主体还没有完全适应新的监管理念，一些部门和人员的监管理念不适应治理现代化需要，且对信用监管理念存在较大差异，必然对信用监管工作顺利推进产生阻碍。信用全链条、彻底嵌入监管过程中尚需较长时日。

监管部门对推广信用监管重要性认识不足。监管部门在监管理念、监管方式等方面的变化还没有充分的思想认识。监管部门被动接受新型监管模式，对信用监管的重视程度不足，致使信用监管的各种措施在日常生活中浮于表面、流于形式，不能及时发现市场主体异常经营、失信及违法违规等行为，没有做好预案。现有的监管理念已经不符合形势需要，部分人员对市场在资源配置中起决定性作用认识不充分，出现随意扩大信息公示；还有一些地方和部门尚未彻底摆脱"重传统、轻革新""重审批、轻监管"思维，依赖"撒网式""人海战术"监管，通过审批、处罚等规范市场秩序做法时常出现；还有部门认为信用监管就是加强数据统计，对其科学、严格、专业的标准认识不足。而且，基层市场监管机构压力快速增大。市场准入前置审批放宽导致的市场主体数量"井喷式"增长，且市场主体形式已经发生了重大变化，新产业、新业态、新模式层出不穷，靠传统的监管方式已经远远无法适应监管需要。基层监管机构应对压力不断增大，相关法律法规修订不及时、改革配套措施滞后及地方政府加码执行上级规定等因素，使基层单位工作量大幅增加，基层监管力量难以高效率、高质量完成工作，监管部门在"执法负荷繁重与公共执法资源不足的双重约束"下有效整合监管力度，充分发挥行业自律与社会共治作用，实现从"严进宽管"到"宽进严管"的转变不及时，传统监管方式效能有限、保姆式监管难以为继。在监管部门理念认识和力量不足的情况下，很多信用监管措施没有有效法规作用，以被列入异常经营名录市场主体为例，某地方被列入异常名录的市场主体 90% 以上是由于未按照规定期限公示年报或无法通过登记的住所（经营场所）与其联系，几乎没有因为隐瞒经营情况、弄虚作假等原因被列入经营异常名录的，而这些都需要花费较多时间。

市场主体对信用监管不重视。市场主体习惯于按照固有思维去认识信用监管这种新型的监管模式，存在认识上的误区，生产经营行为出现偏差。一些企业缺乏对自身信用风险和自律责任的认识，自我约束、依法经营意识不强，信用缺失对企业的负面影响尚未得到重视。一些市场主体认为"我想怎么办，政府就应该给我办"的想法，有的甚至想当然地认为实缴变认缴就是可以不出资，随意登记注册资本额或记载出资时间，还有市场主体利用注册门槛降低及注销上的便利，随意结业、巨款跑路等经常发生，有的经营者随意变更经营地址、负责人等，甚至为了贷款等目的办理多个营业执照但并不营业，给监管增加了诸多障碍，也导致了大量在餐饮、生活服务等领域预付卡无法兑现的纠纷发生。我国监管长期以来注重事前监管，商事制度改革以来放松事前监管、加强事中事后监管的改变，使很多市场主体认为市场准入放松了，可随意经营，对事中事后的监管措施不认真对待。一些企业缺乏对自身信用风险和自律责任的认识，自我约束、依法经营意识不强，信用缺失对企业的负面影响尚未得到重视。年报公示作为重要举措，但仍有一部分市场主体不重视，年报公示率不高、年报公示内容不全、年报内容不真实现象时有发生。

信用监管众多措施无法真正发挥作用。信用承诺制下，市场主体可享受"容缺受理"好处，本意是为了市场主体可在缺失一些相对不重要的材料时先行办理相关业务，但市场主体往往在业务办好后却迟迟不补齐证明材料。一些市场主体上了异常经营名录或黑名单后抱着不在乎的态度，不参与政府招投标、政府采购、评比，不从金融机构贷款，不担任企业高级管理人员等，一些常规惩戒措施失去作用，失信行为得不到治理，扰乱正常的市场秩序。市场主体公示信息真实度难以保障，市场主体数量众多，特别是在经济活跃的地区，信息核实难度大，抽查任务依然繁重。而且，市场主体年报登记信息不详细、地址不详、号码联系不上等情况经常发生，大大增加了信息核实难度。而且，部分市场主体为了保住营业执照，往往是财务造假、谎报数据等，加大了信息真实性的核实难度。

（二）信用监管依据不足

科学完备的法律法规是信用监管有效发挥作用的坚实基础。但是，社会信用体系建设缺乏上位法支撑，信用监管工作缺乏明确、系统的法律法规支撑，法律依据不足，引发了信用监管界限不清、监管标准不统一及监管机制不完善等一系列问题。

国家层面缺乏信用监管专门性法律。我国信用监管的立法工作进程偏缓，不同层级的法律法规未对信用监管提供有效支撑，这也使信用监管工作招致较多社会负面舆论、监管效能有待提升的重要原因。社会信用体系或者说信用监管方面法律法规出台需要考虑因素众多，出台进程缓慢。以《征信业管理条例》为例，从提出到最后出台，前后经历了十余年时间。社会信用法经呼吁到提出，也历经多年，但是由于各方面没有达成一致意见未实施。在全国层面无法有效推进的情况下，各地推出《社会信用条例》或《公共信用信息管理条例》等，以地方性法规的形式推进，可以为全国层面法律制定不断积累经验。从已有法律来看，我国关于信用监管相关规定散落在《反不正当竞争法》《产品质量法》《消费者权益保护法》《合同法》等法律中，这些法律只是在条款上对信用监管有所涉及，不能从整体上为信用监管提供法律支撑。而且，部分法律修订更新不及时也会导致部分条款惩罚力度不够，不能有效满足信用监管的需要。

信用监管标准不统一、监管机制不完善，监管效果大打折扣。信用监管虽然有《政府部门涉企信息统一归集公示工作实施方案》《关于建立完善守信联合激励和失信联合惩戒制度加快推进社会诚信建设的指导意见》等多项文件，但是这些文件大多属于行政命令，法律层级明显偏低，在制度设计、责任边界、失信后果、操作细节等方面都需要做进一步的细化，无法做到覆盖信用监管各个方面。由于缺乏综合的市场监管法律，现有的部门规章修订不及时且存在交叉冲突，法律适用方面存在诸多问题，信用监管问责机制也不健全，缺乏督查问责标准和全国统一的规范，信用监管多种手段效力大打折扣。而且，地方政府在推动信用监管中存在审批权力下放和具体业务专业化相背离，行政监管方式与监管要求不匹配及信用监管力量与追责机制不完善等问题，还面临信用信息数据质量低、依据不足等难题，协同机制不健全，碎片化管理现象依旧普遍，不能形成监管合力。

市场主体权益保护不足。随着信用监管逐渐加强，信用信息数据成为一种资源，使信息安全引起更多关注，信用修复规范性也逐渐成为关注点。众多市场主体信用信息平台归集了大量的信用数据，其中有不少属于敏感信息，还有大量非敏感信息汇聚一处也可分析出市场主体较为完整的信息。在信用监管体系逐步建立健全过程中，大量涉企数据汇聚在相关部门并归集到各类信用信息共享平台，涉及部门多、传输链条长、传播范围广等信息安全问题需注意。部门间涉企信息授权共享、授权交换过程中尚存在不规范之处，各职能单位信息上报操作人员、信息平台操作人员等安全操作意识还有待加强，市场主体信息有从内部泄漏的风险。而且，随着信用监管持续推进，失信惩戒案例迅速增加，信用修复需求与日俱增。虽然制定出台了信用修复制度，但信用修复共识尚未形成。社会各界在对失信信息认定存在分歧，信用修复难以形成统一框架。与此同时，还存在信用修复成本低，市场主体一旦受到惩戒就去做信用修复，对失信行为的惩戒没有形成强有力的震慑。

（三）信用监管基础薄弱

信用监管顺利开展需要有信息共享、信用评价、联合奖惩等基础支撑，但这些基础都会存在不同程度的问题，监管基础尚需进一步夯实。

信息共享程度有待提高。监管部门信息未实现共享。以市场监督管理部门为例，因为政策、技术和资金等方面的限制，部门内部无法有效整合数据，大大降低了信用监管约束力度，特别是在"宽进严管"的商事改革背景下大量市场主体的注册登记她与实际经营场所不一致，给市场监管带来了诸多障碍。不但如此，市场监管部门内部各内设机构之间信息沟通也存在障碍。市场监管部门合并前各部门的内设机构信息沟通不畅，如工商管理部门内的市场、商标、广告等内设机构都有独立的专业管理系统，条线信息数据难以有效汇总，工商、食品药品监督、质监等部门合并后信息数据汇总则需要更长的时间来完成。各监管部门之间信息共享质量有待提高。不同部门建立了若干个互相独立的信息管理系统，市场主体各类信息数据散见于市场监管、税务、审计、公安、环保等政府部门以及水电、电信等公共服务机构中，各部门间的数据未能有效整合利用。《企业信息公示暂行条例》中规定"各部门应按照国家社会信用信息平台建设的总体要求，实现企业信息互联共享"，但对信息共享缺乏明细目录，使一些部门有选择地开展信息共享，对自身有明显好处的就多共享，与自身关系不大就少共享，部门间信息共享存在"隐性壁垒"、信息共享质量不高。

信用评价产品单一。虽然国家公共信用信息中心针对全国信用信息共享平台数据对 3300 多万市场主体信用状况进行了评价，并将评价结果推送给各地区各部门参考。但是，该评价属于相对基础的评价，被评价主体的信息维度还不够丰富，有待进一步完善提升。信用服务机构因为数据缺乏等问题，无法提供有效的信用产品，制约了信用监管发挥作用。公共信用信息与社会信息尚未形成有效共享机制，制约了高质量信用产品研发。当前，公共信息与社会机构之间签订了一系列的合作协议，建立起了初步的合作框架。从总体来看，公共信用信息和社会信用信息之间尚缺少有效的共享机制。据不完全统计，全国统一平台归集信用信息超过 300 亿条，但只有 1.5 亿条对外开放，公开率仅 0.5%。剔除垃圾信息和不宜公开信息，信息公开率仍然偏低，影响到市场机构开发高质量信用产品和服务。

联合奖惩作用机制有待进一步加强。作为实施信用监管的重要抓手，联合奖惩目前主要通过各部门签署联合奖惩备忘录的方式实施。截至 2019年 12 月，中央和国务院各部门已经签署 50 余份备忘录，地方政府也出台多项配套文件。以备忘录形式推进的约束力度不够，多部门协调难度仍然较大，影响协同监管效果，难以及时有效惩戒失信市场主体。相关规范性文件内容比较具体，但是效力范围多是局限于文件颁布的行政区划及行政部门内，与党中央国务院希望构建的"一处失信、处处受限"大格局仍有较大差距。

第四节　完善信用监管机制的建议

针对当前信用监管存在的问题及薄弱环节，应当坚持问题导向，按照依法依规、改革创新、协同共治的原则，遵循"以制度建设为根本，加强信息收集、推动信息共享，强化信息应用"的建设思路，将信用贯穿到监管全流程、各方面，推动市场主体监管更精准、更高效，进一步规范市场秩序，优化营商环境，推动经济高质量发展。

一、加强法律法规和信息共享建设

信用监管应坚持依法依规原则。按照"法定职责必须为、法无授权不可为"的要求，建立健全信用监管法律法规体系和标准体系，科学界定守信和失信行为，全流程手段应有法律法规依据。为此，按照基本法定位，加快推进社会信用法的立法进程，为信用监管提供基本遵循；同时，加快推进公共信用信息管理条例出台，加快社会信用体系建设的标准化进程，为信用监管提供更多规范和标准。

加强信息公开和共享机制建设。强化政府信息公开和共享。持续推动政府信息公开和内部信息共享，细化信息公开和部门间的共享目录，规定公开共享时限，接受社会监督，并建立考核机制。各地区、各行业应当以需求为导向，在保护隐私、数据及时准确、责任明确的前提下，建立健全信用信息交换共享机制，统筹协调已有信用信息系统基础设施，依法依规推进信用信息系统的互联互通和信用信息的交换共享。各主管部门需要分类分级管理市场主体信用信息，确定查询权限。要建立责任处罚机制，对于应公开和共享的信息未按照规定公开和共享的，或超出规定时限的行为，给予相关部门及部门主要负责人和主管领导一定处罚。加快政府信用信息与市场信息的融合。依托全国信用信息共享平台加强与市场化信用服务机构信息共享，使市场机构有合法合理的渠道获取市场主体信息，进而开发出高质量的信用服务产品，强化信用信息对市场主体的激励惩戒作用。加强网络平台信息共享，特别是失信信息共享。依托全国信用信息共享平台建立完善交易双方信用记录，以实名注册信息为基础，及时将图物不符、假冒伪劣、价格欺诈等行为信息纳入市场主体信用档案，并在各监管部门间及时共享。

二、夯实联合奖惩制度基础

联合奖惩是将政府管理、各种信用手段结合在一起的多方位社会秩序维护手段，是信用监管发挥作用的核心机制。联合奖惩需进一步强化制度建设、加强人员信用评价及建立联合奖惩实施评估机制。强化联合奖惩制度建设。制定统一的奖惩措施清单，强化奖惩的法律法规依据，形成奖惩和分类管理措施清单机制，制定涵盖行政性、市场性、行业性、社会性奖惩和分类管理措施。强化奖惩和分类管理名单机制，建立"守信激励名单""失信惩戒名单"将名单纳入退出标准和流程，信用分类标准和管理流程。按照监管的精细化水平或信用分类的"颗粒度"，进一步划分为针对"红黑名单"的联合奖惩以及结合信用评价开展的信用分类管理。加强市场主体相关人员信用评价机制。建成多源分析、多维评估、多重预警的相关人员智能信用评价机制、责任追溯关联机制，建立严重失信单位负责人责任追溯制度，在对失信企业实施联合惩戒的同时，加强对失信企业法定代表人（或主要负责人）和相关责任人员的惩戒。建立联合惩戒备忘录实施情况的评估机制。梳理联合奖惩中存在的问题，寻找改进方向，督促各相关部门和地方继续拓展应用场景，加强联合惩戒力度。此外，还需加强与市场机构建立合作机制，扩大联合奖惩覆盖范围。

三、加强信用监管支撑保障

（一）建立健全信用评价体系

提供基础性公共信用产品，基于公共信用信息，通过聚类展示和规范加工，直观刻画市场主体的信用画像，具有简明、易用和权威特征。鼓励各地、各部门积极使用公共信用综合评价结果，积极收集整理第一期公共信用综合评价使用效果反馈，针对反馈的问题积极优化评价模型，提供更加优质的公共信用产品。鼓励研发专业化和个性化信用产品和服务，专业化和个性化信用产品由市场信用服务机构根据应用场景定制。基于行业需求、区域需求、主体特性的定制化产品，满足特定应用场景的个性化需求。公共机构和市场化机构应发挥各自优势，形成互补的信用产品格局。

（二）强化部门协同机制建设

加强部门协同监管，强化业务流程优化再造，建立跨部门、跨层级、跨区域之间的业务流程和工作程序的协同，加强业务各环节链条之间的衔接、协同，实现"名单自动对比，措施自动匹配，效果自动反馈"，提升协同监管效率。鼓励和支持社会参与监督，强化信息公示、信用承诺、信用风险提示，引导行业协会、社会组织、第三方信用服务机构参与行业信用监管和工作实施评价监督，建立信息公示情况分类统计、定期检查，以及公开信息更新的定期比对制度。加强信用信息公示，结合监管对象所处的行业、领域、区域特点等定制信用名片，开展信用名片展示、信用风险提示、信用便企等应用试点，强化社会监督。

（三）健全失信主体权益保障机制

建立失信处理合规流程机制，制定统一失信信息边界和标准，构建规范的认定程序，对失信信息按照失信严重程度进行科学分类，制定与失信严重程度相匹配的分类修复条件。建立事前失信提醒和警示约谈机制，完善事前告知和听证程序。建立轻微失信免罚机制。完善信用修复机制，明确信用修复内涵、区分模式、规范实施环节、相关主体权责、修复条件、修复方式、修复程序、救济渠道等，建立同一类型失信行为修复区分机制，完成信用修复后再次触犯的市场主体需"加重惩戒"和限制"再次修复"，增强信用修复严肃性。

（四）建立内外结合的评价考核机制

开展信用监管督导及监督机制，上级政府定期对下级政府监管情况监督检查，除了考核对部门本身工作落实情况，还应该对与其他部门合作情况做重点检查；建立人大、政协对信用监管落实情况专项监督检查机制，进一步压实监管部门责任。引入第三方机构开展的外部评估监督体系，积极发挥社会舆论监督作用，畅通对市场主体失信行为进行投诉举报渠道。实施区域市场主体失信行为大数据监测预警，支持信用服务机构、高校及科研院所等第三方机构对各地区各部门开展市场主体信用评价评级并及时公布结果，加强社会监督。

6 Chapter

第六章
中国信用评级对外开放研究

在推动形成全面开放新格局的形势下，作为资本市场重要基础设施的信用评级重要性加大，信用评级开放的相关研究逐渐成为关注点。总结分析国内外信用评级行业发展历程、国外准入机制与监管模式。我国信用评级业存在法律法规及监管框架不完善、信用评级市场需求不足、信用评级机构竞争力弱、信用评级质量有待提升等问题。对此，建议从完善法律法规建设和评级监管框架、积极拓展信用评级结果应用领域、着力增强评级机构竞争力及提升信用评级质量等方面促进信用评级更好服务资本市场。

信用评级是一种社会中介服务，主要是根据被评对象过往信息及所处的经济社会环境预测分析其未来守约概率，主要功能在于揭示受评对象的风险及价值发展，是经济社会发展中的重要基础设施。在传统农业社会走向工业社会和服务社会，特别是经济全球化浪潮时期，熟人社会走向匿名社会，对交易对象情况的了解很大一部分让位于社会，由专业化机构提供信息咨询服务，信用评级就是揭示市场主体情况的一种重要表现形式。在现代社会，只有少数优质市场主体才能完全摆脱外部信用评级，大多数市场尤其是直接融资行为都需要借助于外部信用评级才能完成。

改革开放后，我国信用评级业逐步从无到有，不断发展壮大。1987年，我国第一家信用评级机构——吉林省资信评估公司成立，至今我国信用评级行业已走过三十五年历程。随着我国资本市场及债券市场的对外开放，我国信用评级市场走向国际化将是大势所趋。2019 年 7 月，国务院金融稳定发展委员会办公室宣布 11 条金融业进一步对外开放的政策措施，包括允许外资机构在中国开展对银行间债券市场和交易所债券市场的所有种类债券评级。我国评级市场对外开放，将给国内评级机构带来机遇与挑战。截至 2020 年底，国际三大评级机构中的标普、惠誉已获准进入国内信用评级市场，穆迪也筹划将直接进入中国市场。国内评级机构在与外资评级机构的竞争与合作中，应该发挥自身优势，正视自身短处，不断学习外资评级机构的长处，提升中国市场信用评级质量。在金融业逐步加大对外开放的背景下，探索如何做好我国信用评级行业对外开放，为中国金融市场健康发展提供良好的发展环境具有十分重要的现实意义。

第一节　国外信用评级行业演变

信用评级行业在发达国家发展较为成熟，新兴市场国家的信用评级也呈现出加快发展的趋势。三大评级机构在国际上占据垄断地位。从主要国家和地区信用评级发展的情况来看，穆迪、标普和惠誉三家评级机构占据垄断地位，在国际评级市场上具有极高的影响力。三大评级机构直接控制着一个国家的评级市场，或者通过控股影响一国或地区的评级市场。此外，它们还会通过参股或者技术合作等方式进入一国评级市场。危机和债权融资方式发展推动了信用评级业发展。信用评级机构的快速发展有赖于债券融资的发展。随着债券融资规模的扩大，对于信用评级的需求也在逐步增加，从而推动了信用评级业的发展。此外，从信用评级业发展历程，特别是从美国信用评级业的发展历程来看，每一次较大的经济危机都促进了信用评级业的进一步发展。危机发生之后促使人们看到了信用评级的重要作用，没有经过评级的债券违约率要高于经过评级的债券，低评级的债券违约率要高于高等级的债券违约率。此外，危机的发生也会促使评级机构和监管机构思考评级过程存在的问题并加以改进，提高评级的准确性，具有统一的监管机构。从主要发达国家针对信用评级机构的监管情况来看，大多具有一个统一的监管机构。在具体的监管上，有的采取分级监管，行业准入的门槛存在较大差别；有的对国内机构和外国评级机构采取分别对待的措施。积极扶持本国评级机构成长。针对三大评级机构占据国际信用评级市场的垄断地位，美国之外的国家以多种方式积极培育本土的信用评级机构，通过监管的形式给予本土评级机构以合法的地位，或者给予适当的补贴，建立中小评级机构联营平台等方式支持本土评级机构的发展。

一、主要国家信用评级行业的发展

美国信用评级行业由三大评级机构垄断，中小评级机构发展迅速。现代信用评级业的起源可以追溯到 19 世纪上半叶美国铁路债券评级。为节省西进的运费，美国各州为修筑运河而发行州债。1837 年金融风暴使州债倒债事件频频发生，债券投资者对债券违约有关的信息收集分析产生强烈需求。从美国信用评级发展历史来看，每次较大的经济危机都促使了信用评级行业进一步地发展，投资者发现获得高信用等级的债券违约率很低，而低信用等级的债券违约率很高。相关研究显示，1900～1944 年，美国债券市场上到期不能清偿的所有债券中，被信用评级机构评级为适宜投资的债券平均倒闭率仅为 11.1%，而被评级机构评级为投机因素较强的债券倒闭事故发生率高达 42.4%。这一得到市场验证的事实极大地提高了投资者对评级机构的信任和依赖程度，从而带来了美国信用评级业发展的第一个高峰期。美国三大评级机构具有明显的垄断地位。SEC 年报显示 10 家 NRSROs 公司在 2015 财年整体收入 59 亿美元，而标普、穆迪和惠誉 3 家机构的总收入在所有 NRSROs 公司总收入中的占比为 93.2%。在分析师数量方面，截至 2015 年末，10 家 NRSROs 公司共有 4763 名信用分析师，标普、穆迪和惠誉的分析师数量合计占比达到 87.21%。从评级市场份额看，标普、穆迪和惠誉的评级市场份额分别为 49.1%、34.4% 和 13%，占 NRSROs 机构的 96.5%，这三大评级机构在除保险公司外的所有行业类别中都位居前三。美国中小评级机构发展迅速。2015 年中小评级机构收入

4.01 亿美元，占美国认可的评级机构总收入的 6.8%。从分析师数量来看，截至 2015 年末，美国中小评级机构分析师数量为 609 人，较上年增加 93 人，中小评级机构分析师数量在全部评级机构分析师总量中的占比由 2011 年的 9.2% 上升至 2015 年的 12.8%。从评级市场份额来看，截至 2015 年末，中小评级机构共占有 3.50% 的市场份额，较上年有所下降（4.19%）。可以看出，在美国信用评级市场上，获得 NRSROs 资质的评级机构对信用评级市场有着较大的影响，其评级结果也具有较高权威性。近年来，获得 NRSROs 资质的中小型评级机构通过专注特定领域开展评级、提升业务量和拓展业务类型、兼并收购等措施，提高了市场占有率，在整个评级行业赢得了一定的生存空间。

欧洲信用评级行业集中度高。国际三大评级机构在欧盟评级行业占据明显的垄断地位。根据 ESMA 评级机构竞争格局年报显示，截至 2015 年末，国际三大评级机构在欧盟市场份额约为 92.85%，标准普尔、穆迪和惠誉占比分别为 45%、31.29% 和 16.56%。中小评级机构中表现突出的有加拿大 DBRS（1.89%）和 A. M. Best 欧洲评级机构（0.93%）。截至 2016 年末，欧盟共有 26 家注册信用评级机构和 4 家认证的信用评级机构。其中，注册信用评级机构包括本国信用评级机构 20 家、标准普尔（3 家在欧分支机构）、穆迪（7 家在欧分支机构）、惠誉（7 家在欧分支机构）、加拿大 DBRS、A. M. Best 欧洲评级机构、大公欧洲评级机构，4 家认证的信用评级机构分别是日本信用评级公司（JCR）、墨西哥 HR Ratings 以及美国的克罗尔和伊根琼斯（Kroll Bond and Egan – Jones）。从评级存量来看，不同规模的评级机构发展趋势有所差异。三大评级机构在结构融资产品、担保债券等类型的评级数量有所下滑，欧盟同时也积极扶持国家层面的中小型评级机构，探索采用类似于公利—私营的合伙形式，由私营评级机构提供独立评级服务，欧盟投资银行、欧盟和各成员国给予一定的补贴；建立中小评级机构联营平台，共享评级最佳实践，提高评级质量，对于促进中小评级机构发展具有一定的促进作用。

日本信用评级业规模较小，本土机构占据市场主导地位。日本是亚洲范围内率先引入信用评级的国家，日本债券市场快速发展和不断扩张带动了信用评级业的快速发展。1987 年 7 月，效仿美国的 NRSRO（全国认可的统计评级机构）制度，日本财政部确认 3 家本土评级机构 JCR、JBRI、NIS 以及标准普尔、穆迪、惠誉 3 家国际评级机构为指定评级机构，1992 年 10 月又增加了达夫菲尔普斯 ICBA 公司和汤姆逊银行。日本本土的评级机构主要呈现出股东大多数为金融机构、分析师规模较小以及经营重心在国内，国际化方向由美国转向欧亚等特点。此外，日本国内评级市场一直由 R&I 和 JCR 两家本土机构主导，穆迪、标普、惠誉等机构在日本的业务份额小。虽然日本本土的信用评级机构业务量占比高，但是国际三大机构在日本的信用评级业务收入占比高。

新兴市场国家与地区的评级行业呈逐步开放趋势。金融危机后，新兴市场国家与地区纷纷通过立法对评级行业与机构进行统一监管，监管内容涵盖市场准入、信息披露、利益冲突等各个方面，在评级机构准入方面大多采用注册申请管理制度。各评级机构市场竞争格局方面，开放度最高的是中国香港和新加坡。中国香港评级市场上，国际三大评级机构占据明显垄断地位；新加坡无本国评级机构，对国际三大评级机构高度开放。其他亚洲国家的评级行业近年来逐渐开放，韩国、印度的市场格局从以本国评级机构为主，相继向三大评级机构控股占据评级市场发展。韩国有三家评级机构呈现"三足鼎立"的竞争格局，其中两家被标普和惠誉控股；印度注册的评级机构中，国际三大评级机构控股多家评级机构；马来西亚、泰国、菲律宾、印度尼西亚这些新兴国家以当地监管扶持的本国评级机构为主，三大评级机构通过参股或技术合作的方式参与评级。巴西、墨西哥、阿根廷、南非等国评级行业市场较为开放。其中，巴西本国评级机构率先发展，国际评级机构的渗入对本国评级机构的发展形成一定制约；墨西哥、阿根廷、南非三国基本以国际评级机构进驻作为信用评级行业发展的始端，本国评级机构发展十分有限。

二、主要国家（地区）信用评级准入机制与监管模式

美国、欧洲和日本等国外评级行业通常采用注册制的准入机制，采取

分级管理模式，设置差异化的准入条件或者对国内外评级机构采取不同监管模式。总体来看，主要发达国家对信用评级都有较为完善的监管体系。

美国采取差异化准入监管。在美国信用评级市场上，开展信用评级业务的主体分为信用评级机构（CRAs）和全国认可统计评级组织（NRSROs），两者准入条件存在较大差异。美国定义信用评级机构（CRAs）为满足一定条件的任何人（any person），可以是个人，也可以是公司，只要满足通过网络或其他易获取方式从事有偿或无偿地发布信用评级结果的商业活动，通过定性或定量的方式进行信用评级，评级费用源于发行人、投资者或其他市场参与者等三个条件即可。美国证监会通过成立"全国认可统计评级组织"（NRSROs），提高用于监管目的的信用评级准入门槛。NRSROs组织是美国信用评级机构中的优胜者，美国证监会则可以放心地参考NRSROs发布的评级结果，并将该评级结果用于监管。例如，用于审批发行、判断金融机构风险保证金等决策的参考。总体来看，进入美国信用评级市场门槛较低，但评级机构申请加入NRSROs时，则面临一定的监管准入门槛。

欧盟采取境内外机构差异监管。欧盟评级行业由ESMA统一监管，ESMA对于境内和境外评级机构分别实行注册制和认证制，并针对境外评级机构所作评级结果配套实施背书制度。评级监管内容主要涵盖监管主体的设置以及对评级业务的全流程监督机制。欧洲证券市场委员会（ESMA）针对欧盟境内和境外评级机构采用不同的准入机制，欧盟境内评级机构采取注册制的准入方法，境外评级机构采用认证制或背书制的准入机制。ESMA在审核申请者是否可以进入信用评级行业时，主要有评级机构独立性、信息披露、分析师素质要求三方面内容。

日本成立特定评级机构组织。日本债券市场的发展壮大与其积极效仿西方监管经验的做法，促进了日本信用评级市场监管的不断成熟。日本评级监管思路与美国相似，在日本评级机构监管中，成立了类似于美国NRSROs的一个特定评级机构组织（DRAs），日本评级监管机构通过注册制的方式筛选出其认可的评级机构，并将被选中评级机构的评级结果用于监管目的。在设定申请者是否符合DRAs条件时，日本评级监管机构主要考量申请者的评级从业历史、评级方法和模型情况、评级使用者对评级结果认可情况，申请者自身的组织架构和资产结构等信息。

第二节 中国信用评级对外开放进程及影响

我国信用评级业发展主要源于监管当局的大力推动及债券市场快速发展带来的机遇。在进一步扩大对外开放的大格局下，信用评级业开放进程加快推进，将从竞争格局、信用评级质量以及金融安全等方面对我国产生影响。针对信用评级业对外开放的影响，应该分长期和短期来看，以拥抱姿态积极应对。

一、我国信用评级业发展历程及现状

我国信用评级的发展成果主要源于两个方面：一方面，是金融监管当局的大力推动；另一方面，是银行间债券市场繁荣所带来的机遇。

我国信用评级业起步于20世纪80年代末。与国外信用评级机构悠久的历史相比，目前仍然处于摸索和成长期。1987年，我国第一家信用评级机构——吉林省资信评估公司成立至今。在实践中，将1988年上海远东资信评估有限公司的成立视为我国信用评级业诞生的标志。在信用评级业发展的三十五年发展历程当中，信用评级行业经历过几次清理整顿，评级机构开始走向独立运营。我国信用评级业的发展与债券市场特别是银行间债券市场有着紧密的联系。2010年，我国第一家以投资人付费模式的信用评级机构——中债资信评估有限责任公司成立，其目的在于从制度设计上阻断信用评级行业内部利益冲突关系，积极探索信用评级业和债券市场健康发展。

信用评级业根据《征信业管理条例》规定，申请成立从事企业征信业务（信用评级业务）的征信机构，在符合《中华人民共和国公司法》条件下，向中国人民银行的派出机构办理备案并提供相应的材料。登记备案之后，需要向国家发改委、中国证监会、中国银保监会、银行间交易商协会等部门申请开展业务的资质。受到我国债券市场分割影响，我国信用评级市场处于市场分割、多头监管的形态，表6-1列出我国信用评级业主要机构及业务资质范围。

表6-1　　　　我国信用评级业主要的10家机构及其业务资质范围

企业名称	国家发改委	银行间交易商协会	证监会	银保监会
大公国际资信评估有限公司	√	√	√	√
东方金诚国际信用评估有限公司	√	√	√	√
联合信用评级有限公司			√	√
联合资信评估有限公司	√	√		√
鹏元资信评估有限公司	√		√	√
上海新世纪资信评估投资服务有限公司	√	√	√	√
上海远东资信评估有限公司			√	
中诚信国际信用评级有限责任公司	√	√		√
中诚信证券评估有限公司			√	√
中债资信评估有限责任公司		√		√

资料来源：国家发改委、中国证监会、中国银保监会和银行间交易商协会。

二、我国评级市场对外开放进程

我国信用评级业对外开放进程相对缓慢，基本上可以分为两个时期，2017年之前外资主要通过合资参股形式参与国内信用评级业务，2017年之后外资加速布局我国信用评级行业，参与形式多样化。

外资机构通过与中资机构合作参与国内市场。2017年以前，我国信用评级行业属于限制外商投资产业，国家发展和改革委员会、商务部将"资信调查和评级服务公司"列为限制外商投资产业目录，不同债券市场对信用评级开放程度不一。在银行间债券市场，中国人民银行允许外资评级机构参股国内评级机构或开展技术合作，但持股比例不得超过49%。在交易所债券市场，证监会虽然未明确外资持股比例限制，但实际上没有对外资开放。在此情况下，外资评级机构一般采取与国内评级机构合资、合作等方式参与国内评级市场，持股比例受到限制。例如，2006年穆迪收购中诚信国际49%的股权，2007年惠誉收购联合资信49%股权，2008年标普与上海新世纪评级签署战略合作协议，在培训、研究和评级技术等多领域开展合作。

2017年之后，逐步放松外资参与信用评级行业限制。2017年1月，国务院印发《关于扩大对外开放积极利用外资若干措施的通知》，明确重点放宽评级服务领域的外资准入限制；同年6月，国家发展改革委、商务部将"资信调查和评级服务公司"移出限制外商投资产业目录；同年7月，中国人民银行发布公告，对外资开放银行间债券评级市场，明确境外信用评级机构在银行间债券市场开展评级业务的申请流程和执业准则等。2018年3月，银行间债券市场交易商协会发布了《银行间债券市场信用评级机构注册评价规则》，标志着我国债券评级市场正式对外开放，2019年外资评级机构的业务范围扩大至交易所债券市场。

随着信用评级对外开放，外资机构调整经营策略。外资评级机构经营策略已由合资、合作为主转变为设立独资企业，以获得更大经营自主权。2018年，标普停止与上海新世纪评级的合作关系，惠誉退出了在中国的合资企业，2020年这2家外商独资信用评级机构已获准进入中国市场。表6-2列出外资信用评级机构在国内开展业务的主要政策规定。

表6-2　　　　　　　**外资评级机构参与我国评级行业相关政策**

监管部门	监管政策
央行、国家发改委、财政部、证监会	2019年11月，中国人民银行、国家发展改革委、财政部、证监会四部委联合出台《信用评级业管理暂行办法》：第四条　信用评级行业主管部门履行以下职责：（四）研究制定信用评级业对外开放政策；第六十九条　境外信用评级机构申请中华人民共和国境内有关信用评级业务资质的，依照信用评级行业主管部门和业务管理部门的相关规定执行
央行	2017年7月，中国人民银行正式发布了2017年第7号公告，对境内外信用评级机构在银行间债券市场开展信用评级业务提出了规范性要求。公告首次明确境外评级机构开展银行间债券市场信用评级业务需符合的各项条件，同时规定"境外评级机构开展银行间债券市场信用评级业务，应当向中国人民银行提交监管承诺函，并指定其在境内的分支机构配合监管"等要求

续表

监管部门	监管政策
发改委	《外商投资产业指导目录（2015年修订）》限制外资从事"资信调查与信用评级服务公司"。2016年12月，发改委与商务部在对《外商投资产业指导目录》修订稿公开征求意见时，把"外资资信调查与评级服务公司"从限制外商投资的产业目录里移除，2017年6月28日《外商投资产业指导目录（2017年修订）》正式发布
证监会	《中华人民共和国证券法》第169条规定，资信评级机构从事证券服务业务，必须经国务院证券监督管理机构和有关主管部门批准 《证券市场资信评级业务管理暂行办法》第7条规定，申请证券评级业务许可的资信评级机构应当"具有中国法人资格" 2012年以前《外资参股证券公司设立规则》要求境外股东直接持有和间接控制的股权比例不超过1/3，ª2012年《关于修改〈外资参股证券公司设立规则〉的决定》中这一比例放宽到49%
银保监会	《保险公司偿付能力监管规则第15号：保险公司信用评级》第六条规定，"保险公司在境内融资、开展保险业务等行为，需要进行信用评级的，应当聘请国内信用评级机构。保险公司在境外融资或开展国际业务等情况下，可以聘请境外信用评级机构"。第八条规定，"保险公司聘请的境外信用评级机构，应当符合机构所在地监管部门的相关监管要求，并已向保监会递交《配合监管承诺函》，且评级程序已向保监会备案"

注：a 境外股东直接持有和间接控制的股权比例不超过1/3，也是中诚信和联合资信分别由中诚信国际和联合评级从事交易所信用评级业务的原因。2012年持股比例放宽后，从规定来看，中诚信证券与联合资信都已满足证监会证券市场资信评级业务许可的要求。

资料来源：根据相关法律法规整理。

三、市场开放对我国信用评级行业的影响

信用评级市场开放过程中，社会各方对于信用评级的有效需求将逐步增加，我国信用评级机构必将迎来一个发展的良好外部环境和有利契机。但是，大量国际信用评级机构进入的同时，也必然会对我国信用评级市场形成一定的冲突，产生一些影响。

市场开放加剧了我国评级行业竞争。随着市场开放，我国信用评级机构将面临外资评级机构的竞争压力。同时，具有互联网基因的新对手逐步开始进入信用评级赛道，市场竞争将日趋激烈、多样化。我国信用评级行业起步较晚，发展初期基本依靠政策的驱动。同时，我国债券市场规模快

速增加，主要债券品种存量已超过 100 万亿元，仅次于美国，成为全球第二大债券发行国。在信用评级开放条件下，巨大的市场吸引大量评级机构进入中国市场，2020 年 5 月，美国惠誉评级公司（Fitch Ratings）在我国境内设立的独资公司——惠誉博华信用评级有限公司成功备案，2020 年 10 月，标普信用评级（中国）有限公司已在中国证监会完成从事证券评级业务的备案，其余外资评级机构也正在准备登陆中国市场，准备通过设立分支机构和参股中资评级机构参与中国评级市场竞争，必将对我国信用评级机构形成一定的威胁。由于我国评级机构存在小、散、弱等问题，与国际主要评级机构实力存在较大差距，在评级市场开放后，国内信用评级机构也将面临日趋激烈的竞争态势，市场份额被挤占，行业集中度上升，垄断程度将加剧。经过一段时间竞争和博弈，有可能会形成中外资评级机构并存，少量机构主导评级市场的垄断竞争格局。同时，一些新型金融服务机构、电商平台等也开始涉足信用评级业务。例如，蚂蚁金服通过"芝麻信用"、微信通过"支付分"等开始尝试个人信用评级业务。2021 年 11 月 26 日，中国人民银行发布了关于钱塘征信有限公司（筹）相关情况的公示，钱塘征信有望成为继百行征信、朴道征信之后第三家市场化个人征信机构，其中蚂蚁集团持股 35%。可以预见，新兴机构开始布局信用评级业务，将提供具有"互联网＋"特色的信用评级产品，通过提升信用评级产品"性价比"的手段夺取市场份额，传统评级机构面临更大的竞争压力。

市场开放将提升我国信用评级质量。市场开放后，外资评级机构在技术基础、经验积累及业务国际化等方面都具有明显优势，随着国际评级机构与国内评级机构的全方位、多角度合作，国际评级机构先进的评级理念、市场化的评级体系以及完善的技术优势将会逐步引入我国评级市场，促进国内评级机构评级理念的转变、评价技术的提升，一定程度上改变国内评级机构较为落后的评级指标和模型。开放带来了信用评级市场的竞争压力和动力，国内评级机构在与外资评级机构的竞争合作中，本土信用评级机构也将在市场理念进步中加快技术引进步伐，在新技术研发和创新上投入更多，将会制定更加严格评级标准，提升本土信用评级产品质量，增强预警功能、提高国内评级机构的市场声誉，为将来与国际接轨、走向国际评级市场打下基础，信用评级行业将逐渐由政策驱动型增长转向市场驱动型发展模式转变，更好为实体经济服务。

市场开放对我国经济金融安全有一定影响。信用评级机构不同于一般市场主体，其国际信用评级机构在业务发展过程中，逐步掌握我国大量经济金融及产业信息，进一步建立包括重点行业、重点企业甚至地方政府等主体的数据库，这会对一国经济安全产生重要影响。加之国际评级机构对中国的国情相对比较陌生，信用评级是根据一个成熟的或完善的市场经济理念开展评级工作，在评级过程中必然会带来非客观性、非公正性等问题。另外，信用评级行业属于金融业重要的基础设施建设，对一国金融运行效率、安全稳定有重要的作用，国际信用评级机构借助业务掌握我国大量金融信息，金融市场部分主导权有可能落入外资，在一定程度上影响金融市场定价及安全。因此，在开放信用评级市场时，更需要在日趋多变的外部环境下有效维护金融稳定，以资本安全为前提控制信用评级市场的开放程度，防范可能发生的信息泄露，保证经济金融市场稳定，防控潜在系统性风险。

四、信用评级对外开放的认识

信用评级对外开放短期影响有限，长期将会受到一定冲击。由于完善相关法律法规需要时间，外资评级机构制定各自市场进入战略以及目前各评级机构存在级别差异、收费差异等因素，而且评级行业开放是循序渐进地进行，不是一蹴而就的，因此国内评级机构的业务在短期内受到的冲击相对有限。但是从长期来看，外资评级机构进入中国市场将会给中国信用评级市场的竞争格局带来较大的改变。经过一段时间的适应之后，外资评级机构将与中资评级机构在市场、技术、人才方面展开激烈竞争。在市场占有率方面，从国际三大评级机构目前对我国境内债券发行人的主体评级数量来看，未来发展潜力巨大；在评级收费方面，外资评级机构可能会采取降低收费水平以拓展市场；在评级结果方面，外资评级机构可能会采取同时发布国际评级和区域评级的方式来融入中国市场。因此，从长期来看，国内评级机构的业务必然会受到一定冲击，但国内评级机构对中国金融监管的政策以及发行人和投资人的需求更为熟悉，同时对国内市场环境、行业及企业信用的认识和把握也较为深刻，我国评级机构将进一步发挥自身经验优势，借鉴外资评级机构的先进技术，更好地服务于国际和国内投资者。

消除对信用评级行业的偏见。从信用评级行业发展历程来看，评级对于发现风险，保护投资者利益方面取得了不俗的成绩。但是，部分学者对于评级行业未能准确预测次贷危机违约的行为、欧洲主权债务危机等存在诸多批判，称对发生危机国家下调评级的行为是"落井下石"。从信用评级本质上来讲，是根据过去情况预判未来的情形，难以达到100%的准确率。在实际操作中，评级采取定性和定量分析相结合的办法，除去有人为因素影响的定性分析，在定量分析中，采取具有统计意义上的概率分析，正如计量经济学中的置信区间一样，评级行业也是在一定的概率水平情况下对未来做出预判，本身就存在发生其他情况的可能，预测失误也属正常行为。至于对发生危机的国家下调评级，这本身就是评级行业应有的行为，评级行为依据之一就是现有情况，当情形发生重大改变时评级结果也应该发生变化。在我国信用评级业尚未发展成熟的情况下，过多强调这些不利于信用评级行业健康成长，也不利于金融市场提高运行的效率。以人才为例，在国内信用评级行业工作几年的员工跳槽至其他金融机构，收入一般会大幅增加，因为评级行业本身就是发现风险，而金融机构对这个方面需求很大，但如果都是各金融机构自己分析风险，不相信评级结果，则必然会自己承担高昂的成本。适当的将风险分析业务"外包"给专业的评级机构，效率肯定会提高，整个社会的运行效率也将提高。当然，信用评级机构也需要自身变革，努力获取社会信任。

第三节　当前我国评级业发展存在的问题与不足

我国信用评级业起步于20世纪80年代末，伴随着金融改革的不断深化及市场化进程的加快，信用评级已成为支持我国资本市场发展的重要基础设施，信用评级的经济功能和社会影响也日益扩大，但与国际成熟信用评级市场相比较，我国信用评级行业在发展过程及对外开放方面仍存在诸多问题。

一、法律法规及监管框架不完善

我国评级行业的法律法规分散在多家管理部门颁布的指导意见和管理办法中，评级行业也存在多头监管的问题。

评级机构监管法律法规体系有待优化。信用评级相关法律层级较低，法律权威性不强。信用评级行业的对外开放和发展，必须有配套的法律监管体系，如美国有《证券交易法》《证券交易法基本规则和规章》《评级机构责任与透明度法》《信用评级机构改革法实施细则》等法律法规对信用评级机构进行有效规范，国内信用评级的法律法规还不够健全，相关制度规定散见于《中华人民共和国公司法》《中华人民共和国证券法》《可转换公司债券管理暂行条例》等，我国信用评级监管立法滞后，相关的制度规定散布在中国人民银行、国家发展和改革委员会、中国证监会、中国银保监会等颁布的指导意见或管理办法中，法规分散且层次相对较低，缺少明确上位法支撑，信用评级市场的法律约束力不足。随着越来越多的外资信用评级机构进入国内市场，行业发展的内外部环境将更为复杂，信用评级行业快速发展与监管立法滞后的矛盾将会更加凸显，不利于信用评级行业的高质量发展。

监管处罚力度不足导致震慑效果差。处罚作为威慑信用评级机构的重要手段，是保证评级机构按照规定执业的基本保障。主要发达国家对信用评级行业均有非常严格的处罚举措，起到了很好的震慑效果。例如，欧盟《信用评级机构监管法规》规定当信用评级机构违反相关规定或者因故意给投资者造成重大损失的，监管当局可实施暂停执业、吊销执照、罚款等处罚措施，美国对于类似的违规行为不但会处以巨额罚款，而且还要区分评级机构和分析师的法律责任。但是，我国对于信用评级机构的违规行为以行政问责为主，最严重的惩罚不过是让违规信用评级机构退出市场，对于投资者的损失则没有评级机构承担的案例，较轻的处罚举措很难对评级机构起到震慑作用，这也正是评级市场公信力不强、评级虚高等乱象丛生的重要原因。

信用评级监管主体不统一。监管主体作为落实相关法律法规的执行机构，监管主体明确、框架清晰是有效监管的重要保障，欧美国家对评级机构的监管大多建立了权责明确、统一的监管体系。例如，美国 2006 年出台《信用评级机构改革法案》，确定了美国证监会（SEC）是信用评级机构的唯一监管部门；欧盟 2009 年、2011 年通过的《信用评级机构监管法规》及其修正法规，建立了以欧盟证券与市场管理局（ESMA）为主的信用评级机构监管体系，为有效监管夯实了基础。但是，我国信用评级行业监管参照了债券市场监管模式，监管部门包括中国证监会、国家发展和改革委员会、中国人民银行及财政部等部门，负责管理银行间债券市场、交易商债券市场、企业债及地方政府债的评级业务。多头监管导致了协调成本高、执行效率低、监管标准不统一等问题，信用评级机构需要应对多种监管政策，很容易形成监管缺位、监管套利，既降低了经营效率也会增加了运营成本，不利于提升信用评级质量。针对监管主体不统一问题，多部门已经考虑解决。2019 年 11 月，中国人民银行联合国家发展和改革委员会等多部门联合发布《信用评级业管理暂行办法》，明确央行作为信用评级业的主管部门，发改委、财政部和证监会为具体的业务管理部门。这意味着信用评级业统一监管的基本框架初步形成，初步解决了信用评级业由多个部门多头监管问题。但是，业务管理部门对评级机构的执业管理细节等方面仍存在差异，且债券市场及其基础设施的统一尚未统一，信用评级业的统一监管后的效果仍需进一步考察。

二、信用评级市场需求不足

信用债占市场融资量低决定信用评级需求总量少。受制于银行贷款一直是我国企业融资的主要渠道，债券市场特别是信用类债券市场发展相对缓慢和落后。2013 年，我国银行系统本外币贷款新增 9.5 万亿元，而债券发行量为 5.6 万亿元，前者是后者的 1.7 倍，其中信用类债券发行量为 0.93 万亿元，仅占当年债券发行量的 16.6%。债券市场中需要评级的信用债占比始终处于较低比例。我国信用评级行业发展初期，债券市场中有国债、政策性银行债等政府信用债券以及企业债，投资人对于信用评级几乎没有需求。2005 年，有关部门按照市场化方向推动公司信用类债券市场发展，短期融资券、中期票据等信用产品大量涌现，对于信用评级需求大大增加，评级行业发展步伐不断加快，但这种情况只是边际改善，没有发生根本性转折。截至 2020 年底，持有国债和政策性金融债的比例超过 80%，持有信用债的规模还不足 10%，信用债占比低导致信用评级需求量小，这在很大程度上制约了评级行业的发展。虽然近年来我国债券发行总量快速增加，截至 2020 年底债券存量已经超过 100 万亿元，但是债券融资占比低、发行主体结构不合理现象仍然没有得到根本性改变，因债券发行特别是信用债发行需要的信用评级需求量没有得到快速提升。

企业参与信用评级积极性不高。在我国现有融资结构下，大型企业国内融资不难，信用评级对企业融资影响不大，尤其是在国民经济中占据主体地位的国有大企业，企业经营状况和规模实力强，融资压力小、融资渠道多，参与信用评级积极性不高。同时，企业在"走出去"过程中的信用评级大多为国外评级机构掌握。由于我国本土评级机构在国际金融市场的认可度不高，企业在境外融资过程中使用国内信用评级机构的评级结果难以发挥作用，企业缺乏参与国内评级的积极性，导致国内企业走出去过程中融资大多寻找国外评级机构，面临着国外评级公司的过低评级和国内评级不受认可的双重困局。

信贷市场取消强制评级导致相关业务量下滑。债券市场作为信用评级主要需求方，而传统银行信贷市场也有部分需求，也能给信用评级机构带来一定的业务量。但是，商业银行信贷由于银监会要求银行在审批时审慎使用外部评级，主要金融机构在审批业务时多倾向于采取内部评级标准，导致相关业务信用评级量不断下滑，信贷市场的信用评级呈现出了持续萎缩的态势。以四川省为例，2019 年四川省银行信贷市场的信用评级业务仅 167 笔，比 2018 年下降了 46.3%，而且这个业务量只有 2013 年评级量的 14.8%。

三、信用评级机构竞争力弱

我国信用评级行业虽然经过三十多年的发展，但相对于发达国家来说我国信用评级行业发展时间较短，业务规模较小，在综合实力上与国际信用评级机构相比存在较大差距。

信用评级机构实力较弱。我国信用评级机构在规模、人才、研发等方面和国际上主要评级机构存在较大差距。从资金来看，国内信用评级机构经营规模普遍较小，没有大型金融机构直接持股。虽然信用评级市场跟随债券市场增长而增长，但由于信用评级机构数量较多，市场竞争激烈。随着外资评级机构业务的不断拓展，国内评级机构现有的市场份额和盈利状况将受到更加严峻的考验，特别是中小规模的评级机构将面临较大的生存压力。2017 年度大公国际、东方金诚、联合资信、新世纪评级、中诚信国际和中债资信 6 家评级机构的营业收入，仅相当于穆迪营业收入 5% 左右。

信用评级机构人才不足且稳定性差。信用评级机构是以提供特定智力服务为主，属于知识密集型产业，业务拓展和服务质量主要依靠专业人才，重资产较少。根据 SEC 年报显示，2019 年惠誉、标普和穆迪三级评级机构分析师数量分别为 1277 人、1559 人、1732 人，而根据中国证券业协会数据显示，截至 2020 年末，我国 13 家主要信用评级机构分析师总数不足 1500 人，国际三大信用评级机构一家的分析师人数就超过了国内主要债券评级机构的分析师总人数。在人数匮乏不足的同时，国内评级机构员工还出现了较高的流失率，高达 25% 左右。根据统计，我国信用评级机构员工平均工作年限仅为 2 年。流失率高的主要原因在于，相对其他金融机构，国内评级机构对人才的激励约束机制仍有待改进，评级机构分析师弱跳槽至其他金融机构，收入往往会增加 1 倍以上；收入与国际同行相比差距巨大，以北京地区为例，"智联招聘"显示，穆迪分析师月薪 2.5 万元以上，而联合资信大多为 8000～12000 元。

信用评级机构研发水平偏低。我国评级行业发展时间短，技术储备不足，研发能力低。例如，大部分评级机构没有自己的研发团队，不具备评级指标和评级模型的自主研发能力，国内信用评级机构评级方法和模型有较大完善空间。评级偏定量、定性分析较少，在评级时重点关注受评对象的经营和财务情况，对未来情况的预测不足；报告偏数据展示、风险分析与揭示不足，部分报告分析过程套用模板，对不同对象的差异化分析较少。而且，评级是主观成分较大，存在等级确定标准不统一的问题，在研究能力上与外资评级机构差距明显。以数据处理为例，穆迪公司为使其出具的评级报告具有"全球可比性"，会对所有评级依据进行数据调整，并映射至标准账项表格中，便于报告使用者筛选出基准值和评级异常值进行对比性监控。国内尚无一家评级机构能够提供这样的评级产品。

行业同质化竞争情况严重。信用评级具有公共服务信息产品的特征，在通用型评级模型基础上也需要针对行业特点的差异化评级模型，这就决定了信用评级行业适宜适度竞争，但不宜完全竞争，信用评级行业中需要提供差异化服务。但是，我国信用评级机构主要受政策驱动影响，多数信用评级机构的评级模型基本属于"通用型"，对于债项、金融机构、信贷企业、结构化融资等评级业务都希望承接，不同评级机构之间业务重叠程度高、企业核心竞争力不足。而且，由于研发水平偏低，部分竞争力较弱的评级机构不具有债项评级资格，只能将业务局限在招投标和信贷评级上，导致这些领域评级处于无序竞争状态，费用逐年下降，部分机构收入只能覆盖必要的成本。相较于日本债券市场评级业务主要由 JCR 与 R&I 两家本土评级机构，美国债券市场评级业务主要由穆迪、标普和惠誉 3 家评级机构占据，国内信用评级机构数量较多，截至 2020 年底，在人民银行备案的信用评级机构数量达到 57 家，主要发达国家信用评级行业以垄断竞争为主，而我国还处于较为充分竞争的情形。国外信用评级机构大多通过差异化竞争模式树立在评级市场的核心竞争力。从国际三大评级机构业务特点看，三者之间既有竞争，在各自领域发挥比较优势分工协作，如穆迪擅长融资行为评估，惠誉擅长金融机构评级，而标普则紧紧抓住企业评级市场业务。还有不少规模较小评级机构在细分领域深耕，如 A. M. Best 机构在保险公司信用评级领域独树一帜，Lace 金融服务公司则善于对金融机构评级等。

信用评级机构在国际市场上缺乏话语权。我国信用评级机构的业务绝大多数集中在国内开展，在境外设立的分支机构及懂得国际业务的人才均较少。国内评级机构如中诚信、联合资信等在香港设立了分支机构，但主要服务的是国内企业在境外融资评级，在全球债券市场的业务很少，在国际评级市场没有话语权。不仅与三大著名评级机构存在较大差距，甚至不及日本的 JCR、德国的 SCOPE 及加拿大的 DBRS 等评级机构。虽然曾经也有国内评级机构试图通过主权评级作为切入点进入国际评级市场，但仍处于探索阶段。2010 年 9 月，美国证券交易委员会以"无法履行对大公的监管"即不能"跨境监管"为由，拒绝了大公国际资信评估有限公司提交的美国"国家认可的统计评级机构"资质申请，我国评级机构要想进入国际市场存在较大的难度，国际化之路还有较长的路要走。

四、信用评级质量有待提升

我国信用评级治理偏低，评级虚高、评价结果同质化、信用级别风险揭示及区分度相对较弱，信用评级结果难以充分满足国内和国际投资人的要求。

评级结果缺乏市场声誉。检验评级结果准确性的标准主要是债券违约率。评级公司的评级质量主要通过历史违约率来检验，风险与收益率对应，较高的信用等级应该对应着较低的违约率，而较低的信用等级对应着较高的违约率。但是这种验证需要有足够多的历史数据来验证，由于我国信用评级行业起步较晚，各家评级机构在违约、损失率等方面的数据积累不够，导致评级在实践中难以得到检验和改进。囿于债券评级需求量较少、政府审批严格等原因，债券市场信用评级只是发行债券一个步骤而已，风险揭示意义不大，信用评级公司很难依靠时间和数据建立市场声誉。我国已成为全球第二大债券市场，债券违约近年来却呈现常态化态势，对评级机构信用评级的质量和对债券信用风险的预警功能提出更高的要求。2020 年 11 月评级结果为 AAA 级"20 永煤 SCP003"债券违约后中诚信国际事发后对其下调等级至 BB，2020 年新增的 23 家违约发行人中，

14 家企业违约 6 个月前无负面调整，9 家企业违约 1 个月前无负面调整，反映出评级机构对信用风险的预警功能有待加强，对评级机构的市场声誉有较大的不利影响。

信用评级虚高、区分度不高问题较为严重。国内评级市场主要采用发行人付费模式，该模式下信用评级机构往往会更多听取付费方意见，"以级定价""以价定级"等市场乱象频出。而且，严监管要求债券发行需要高信用评级，也迫使债券信用评级向 AAA 等级靠拢。在竞争和监管要求双重压力下，信用评级机构作为最后承压者，作为第三方机构的独立、客观、公正性难以保证，评价等级虚高、区分度低问题时常发生。据统计，2020 年我国信用债等级为 AAA 的发行人占比为 22.1%，AA + 以上的发行人占比为 46.6%，AA 以上的发行人占比为 86.4%，较大占比的 AAA 级信用评级已经失去风险揭示功能，评级公信力难获境外主体认可。根据彭博综合评级指数，截至 2018 年底，中国 43% 的未偿付债券拥有 AAA 评级，无评级债券占 37%，而美国评级为 AA - 及以上的债券仅占美国市场债券余额的 8.4%，无评级债券的占比不到 7%。截至 2020 年底，我国 AAA 级信用债数量占比达到 25.2%，金额占 47.5%，远高于国际市场上的债券等级分布，AA - 到 C 级区间的信用债券数量相对稀少、甚至空缺，而且一些信用债在上市发行后一年内发生评级下调或构成实质性违约。虚高的评级及缺乏风险辨识度让市场参与者还需要自己加强判断，部分买方还建立了自己的内部评级团队，评级机构公信力有待提升。

信用评级机构存在附带业务的利益冲突。信用评级作为第三方机构提供中介服务，独立性是重要且是最基本的要求。欧美国家为了防止信用评级机构丧失独立性，对于评级机构参与受评对象的其他可能影响独立性的业务均在不同程度上作出了限制性规定。例如，美国证监会要求评级机构不得与受评方发生除信用评级之外的任何业务往来。但是，信用评级机构为了达到收益最大化，在对外提供评级服务的同时往往还会提供信用咨询等业务，这些业务实际上就是为了指导受评对象如何提升自身信用水平，从而获得更高的评级以降低融资成本。但是，我国对于信用评级机构提供的可能有损独立性的业务问题没有给予足够重视。国内信用评级机构在开展评级是同时为受评主体提供咨询服务的现象经常发生，如大公国际曾经因为直接向受评企业提供咨询服务被暂停相关业务一年。

第四节　中国应对信用评级开放的政策建议

在构建新发展格局中，直接融资将发挥重要作用，信用评级作为支撑债券融资的重要基础设施，需要加快发展。针对信用评级行业存在的问题与不足，需从完善法律法规建设和评级监管框架、积极拓展信用评级结果应用领域、着力提升评级机构竞争力及提升信用评级质量等方面发力。

一、完善法律法规建设和评级监管框架

（一）不断完善监管法规体系

目前，我国已经制定了《信用评级业管理暂行办法》，形成了我国第一部统一的评级业部门规章。但是，国际经验表明信用评级的规范发展不能仅依赖于行政监管和行业自律，必须构建专门的法律保障评级独立、公平、可靠。为此，建议提升立法层次，出台信用评级法，将信用评级由部门规章上升至法律层面。

（二）建立健全统一的监管框架体系

在《信用评级业管理暂行办法》框架下对评级管理制度和业务统计标准进行统一。通过监管协同加强监管部门或行业自律组织关于信用评级管理制度、业务统计标准和报送时间的统一。建议在国家金融稳定发展委员会通过设立相关机构，行使对信用评级机构的统一准入管理和监管。建立"全国认可跨市场评级组织"（NRCMROs）。进一步明确业务管理部门对评级机构的执业管理细节。在评级市场结构、利益冲突管理、信息披露、评级质量检验等方面加强对评级机构的管理和规范，新增跟踪评级滞后、大

跨度调整等级方面的限制性规定。同时，大力加强国际评级的监管合作，建立跨境评级监管协调机制。

（三）加大评级处罚力度

突出功能监管和行为监管，从严处罚违规行为，防止监管套利。对评级机构因故意或重大过失给评级报告使用者造成损失的，既要追究评级机构及其相关人员的民事责任，也要追究相应的刑事责任。建立违约率检验机制。由监管主体统一对违约率进行考核并向社会公布，对于违约率较高的评级机构给予暂停营业直至退出市场的处罚。进一步强化信息披露，明确信用评级机构进行信息披露的强制义务，以统一的格式披露评级模型、方法、流程、收费及评级局限性等方面内容。

二、积极拓展信用评级结果应用领域

（一）积极拓展国际业务

当前全球金融新秩序面临重构，建立符合我国国情的信用评级体系，争取全球金融体系的话语权，既是难得的机遇，也使我们面临挑战。对评级机构而言，应在夯实国内和区域评级业务的基础上，依托经济金融全球化的大好时机，借助人民币国际化和资本市场对外开放的大趋势，积极拓展国际业务，可以考虑立足于服务国内企业或投资者的实际需要，把本土评级体系的培育与跨境经济活动结合起来，逐步扩大在国际资本市场的影响力。对监管机构而言，在金融市场开放政策中对本土评级机构予以一定的扶持，并加强与美国、欧盟等国家和地区的监管机构进行交流与合作，为本土评级机构进入国外市场减少障碍。

（二）积极利用债券市场对外开放扩大业务范围

本土评级机构应充分发挥主场优势，顺应我国债券市场发行端与投资端的双向开放路径，始终立足于服务市场需求，合理安排国际业务布局，有节奏、分阶段地协同发展，助力债券市场对外深化开放进程。在发行端方面，重点依托于熊猫债券市场、离岸人民币债券市场，服务境内外债券发行人；在投资端方面，立足不同类型主体差异化需求，为境内外投资者提供更具针对性的信用信息服务。

三、着力增强评级机构竞争力

（一）持续推进信用评级行业供给侧结构性改革

以"抓大放小"为原则鼓励行业内兼并与重组，精简评级机构数量。实现评级机构由低水平大规模扩张向高质量发展转变，大力支持评级机构与金融科技企业进行战略合作、兼并重组，打造具有行业引领示范作用的龙头评级机构。鼓励信用评级公司上市融资，分散股权，更好地保证其运作独立客观。通过优胜劣汰逐步让弱小评级机构退出评级市场，扭转过度竞争局面，通过兼并重组保存实力强的几家评级机构参与国际竞争。提升评级机构股东背景实力，建议引进金融机构或者国有企业作为评级机构的战略投资者，改善中资信用评级机构小而散的状况。扭转我国评级行业由合资评级机构主导的局面，将重要企业的评级话语权转移到内资评级机构手中。

（二）加强信用评级人才培育和储备

加强对信用评级从业人员的统一培养，建立全国统一的职业资格认证体系，从整体上提升人员素质。国内评级机构应建立骨干人员长期激励计划，提升团队凝聚力与员工的归属感。加强人员建设，注重人才的培养，尽快将业务优势转化为市场的核心竞争力，可以考虑在评级行业推行从业人员资格认证制度。在高校创建评级专业或开设相关课程，加大对信用管理专业的投入力度，建立企业与学校的合作机制，加快评级人才的培养，为信用评级行业储备更多的人才资源。

（三）加强信用评级技术研发和研究能力

努力学习国际评级机构科学合理的评级技术、理念和方法，完善评级方法和加强评级技术体系建设，加强评级技术的研发，规划评级产品开发，完善指标设定，建立符合国际市场多元化要求的评级体系。注重信用评级的数据库建设，通过积累信用数据，有效整合业务信息、客户需求信息等资源，为提升评级质量提供信息基础，充分发挥出债券市场信用风险揭示、预警、定价作用。完善符合我国国情的信用评级模型，国内评级机构在借鉴国外评级模型的基础上，应紧密贴合我国实际国情，考虑我国特有的制度和文化，继续开发、完善符合我国国情的信用评级模型，为国内外投资者提供更加客观的信用评级结果。加快信用评级机构数字化转型，在信息化建设方面、数据应用和开发、在数据治理及加强与金融科技公司合作等方面推动评级机构数字化能力建设。

（四）加强国际交流合作

在监管理念和监管政策上，增强国际监管交流，便于我国评级机构更好地满足国际主流监管要求，更顺利融入国际金融市场。国内评级机构应积极"走出去"，根据其他国家对我国评级机构的开放程度及变化情况，因地制宜、因时制宜，分阶段采取在海外设立公司、入股，以及收购国外评级机构的方式，积极拓展自身在海外的业务和市场，如中国香港市场、"一带一路"市场等。积极与有关国外评级机构共同探索建立客观和可靠的国际信用评估体系，对信用评级技术、方法和标准等方面建立更多共识等。积极参与国际市场，参加各种国际组织，争取在国际研讨会上发出中国评级机构的声音。

四、提升信用评级质量

（一）加强利益冲突管理

改变现有信用评级收费模式，研究多元化的评级收费模式，如推广投资方付费模式或者发行方与投资方共同付费模式，切断受评对象与信用评级机构不当利益链条，保障评级机构独立性。考虑设立双评级制度，借鉴日本设立双评级制度，鼓励发行人选择两家评级机构开展评级业务，有利于交叉验证。减少或弱化债券发行、交易的信用评级级别限制，将债券发行的风险和投资交易的风险交由市场自行进行筛选和判断，促进信用评级行业可持续发展。坚决要求评级机构将评级业务与信用咨询等附带业务分离，以保证评级机构的客观、公正、独立。

（二）强化声誉约束机制建设

加强信用评级行业协会交流平台作用，为信用评级机构交流创造更好的渠道，搭建信用评级机构、发行方、投资者三方沟通平台，帮助信用评级机构完善评级方法和评级标准。建立市场化的评级质量检验机制，巩固国内信用评级机构在国内市场积累较多原始数据优势，引导国内信用评级机构强化评级技术竞争，逐步形成债券市场评级区分度，改善信用等级过度密集、评级虚高等现状。提升评级质量和对风险的预警能力，积极开展对利差、违约率和级别迁移矩阵等指标的研究，提高信用评级的准确性、及时性、稳定性和可比性。采用风险量化和舆情监测模型，建立从风险监测、识别、反馈到处置的闭环管理机制，加强跟踪评级，持续掌握受评对象信用风险情况，大力提升对受评主体的风险识别能力和预警能力。

7 Chapter

第七章
创投领域信用体系建设研究

　　创业投资是经济社会发展重要领域，对于促创新、助改革、推动经济转型升级具有重要意义。当前，创投领域信用状况不容乐观，创投领域信用体系尚不健全，同时防范化解重大风险过程中的严格管制也不利于创投持续健康发展。我国社会信用体系建设基本框架已经确立，为创投领域信用体系建设奠定了较好的基础。针对当前创投领域信用状况，应坚持全方位协同、全链条管理，规范奖惩、合理引导，分类监管、统筹实施，培育市场、激发活力等建设原则，以建立守信激励和失信惩戒机制、构建以信用为基础的创业投资领域新型监管体制为重点，加强信用信息收集整理、开展信用评价、强化主体权益保障，促进创投领域相关主体诚信守法，做强做优创业投资，推动创新创业持续健康繁荣发展，更好地服务实体经济，有力地推动了经济高质量发展。

第一节　研究背景和意义

　　创业投资领域是经济社会发展的重要领域，繁荣有活力而又健康有序运转的创业投资活动，对于助推创新创业发展、促进产业转型升级、加速新旧动能转换等具有重要意义。在中美战略竞争不断加剧背景下，加大创新力度、加快提升科技竞争力的需求更加迫切，更需要创业投资加码加力。然而，我国创业投资领域仍存在一些突出问题：一方面，基金管理人提供信息的真实性不高、投资资金不及时到位、虚增投资金额等典型失信乱象频发；另一方面，在防范化解金融风险大背景下，各地严格管控私募投资基金管理人登记和私募基金备案，在提升行业规范性的同时，也在一定程度上限制了行业发展。

近年来，在党中央、国务院坚强领导下，国家发展和改革委员会、中国人民银行会同社会信用体系部际联席会议成员单位推进社会信用体系建设取得显著成绩，颁布了以《社会信用体系建设规划纲要（2014－2020年)》为顶层设计的一系列指导文件，社会信用体系基本框架已经确立，信用与经济社会各领域、各环节的融合发展不断深入。国务院《关于促进创业投资持续健康发展的若干意见》要求，创业投资应坚持信用为本，加强创业投资行业信用体系建设，建立和完善守信联合激励和失信联合惩戒制度，促进创业投资企业和创业投资管理企业诚信守法，忠实履行对投资者的诚信义务，优化"信用创投"发展环境。创业投资领域信用体系建设是社会信用体系建设的重要组成部分。

在此背景下，强化创投领域信用体系建设，将社会信用体系融合应用到创投领域，有助于更好地解决创投领域信息不对称和典型失信乱象问题，也有助于在行业规范发展背景下实现更有效识别筛选、促进优胜劣汰，对于创业创新繁荣发展和经济持续稳定健康发展具有重要意义。

第二节　创投领域信用状况和信用体系建设现状

创投领域仍存在不少与信用紧密相关的问题，如各主体信用状况欠佳、行业规范性建设不足等，创投领域信用体系建设较为滞后，主要表现在：相关主体信用记录缺乏，信用信息互联共享程度不高，信用服务产品缺乏等方面，亟须强化推进体系建设。

一、创业投资领域存在的信用相关问题

（一）创业投资机构有夸大投资额度倾向

创业投资者及创业人员对外宣称的投资额度往往远高于实际注资额，宣传过程中存在较大的虚假成分。对于投资者来说，对外宣传投资较大额度有助于向外显示自身实力，有利于募集更多资金和吸引更多资金需求者；对于被投企业来说，更大的投资额度意味着市场看好该企业的发展前景，有助于企业更好地筹资。但是夸大注资额的行为向市场传递出不真实信息，向市场各方参与者释放出虚假信号，不利于市场良性发展。可以说，虚假宣传已经成为创投领域较为严重的信用问题。

（二）创业投资专业服务人员存在较多失信行为

创业投资属于高度专业化的行业，业务开展对会计、审计、咨询、律师等有较多需求。但是，部分专业人士在业务开展过程中缺乏自律性，缺乏诚信意识，往往为了短期利益而做出违背行业规则的行为，扰乱正常行业秩序。以律师服务为例，经常出现律师出具法律意见书一年内创投机构被注销的情况。虽然制度上有明确规定，要对发生此种情况的相关机构和人员实施惩罚，但多数仅依靠中国证券投资基金业协会抽查来发现，惩戒威慑力大大减弱。

（三）行业协会的规范性作用有待提升

随着我国创业投资活动迅速发展，各地纷纷成立创业投资协会，吸引大量创投机构、银行、券商、律师事务所、会计师事务所等积极参与，对促进创业投资健康持续发展具有重要意义。但是，协会在规范创投机构行为方面所起作用仍然有限，主要原因在于，创业投资活动范围和领域较为宽泛，而各地协会联动性较差，无法有效掌握会员单位的活动信息。中国证券投资基金业协会自2014年受权负责私募投资基金管理人登记与产品备案以来，初步形成了包括《私募投资基金募集行为管理办法》《上市公司信息披露管理办法》《合同指引》等在内的自律规则。但在实际执行过程中，信用信息收集整理、加工、应用等环节均不健全，对于协会成员的信用约束作用仍然有限。2019 年 11 月，协会出台了《私募股权、创业投资基金管理人会员信用信息报告工作规则（试行）》，为创投领域信用报告使用奠定了较好基础，但真正有效发挥作用尚需时日。

二、创业投资领域信用体系仍不健全

（一）相关主体信用记录缺乏

创投机构在募集资金和投资过程中的一个重要行业规则就是保密，这导致创业投资机构的信息披露程度普遍较低。年报是创投机构重要信息公示渠道，但所含信息量较少，信息真实性也较差。由于缺乏足够且真实有效的信用记录支撑，创业者和投资人双方存在严重的信息不完全与信息不对称，各类投资机构难以摸清创业企业真实情况，创业者也只能依靠口碑了解投资机构洽谈目的、投资实力等信息。信用记录的缺失致使创投领域失信行为频发，非法集资等扰乱行业生态的行为屡禁不止。

（二）信息互联共享程度低

一方面，由于共享机制缺乏、数据格式不统一等原因，创投领域公共信用信息共享程度不高，导致利用有限。创投机构信用信息分布在国家发改委、证监会、市场监管等部门，由于创投领域尚未制定明晰的信用信息共享机制，一些部门有选择性地共享信息，如对部门工作有明显益处的就会积极共享，核心资料或与自身关系不大就少共享，由于各部门数据格式不统一也增加了共享数据的困难。另一方面，众多市场化服务机构在创业者的创业经历、投资人投资轨迹及创业项目发展历程等维度上已经积累了大量数据，但是市场机构之间、市场机构与政府部门之间关于创投领域信用信息共享尚未形成有效的共享模式，大量信用信息处于沉淀状态，无法共享利用。

（三）信用信息开发应用不足

由于信息收集不全、信息质量不佳、信息共享程度低等，创投领域缺乏高质量的信用信息产品和服务供给以及应用。现有的信用信息应用大多是根据各部门、各行业协会根据自身掌握的数据在管辖范围内的使用，作用范围和作用效果均十分有限。虽然政府部门和市场机构均在积极探索创投领域信用信息应用，如国家公共信用信息中心发布金融领域失信"黑名单"，征信机构依托大数据整合传统行业、互联网金融、公共机关等多个行业的"黑名单"等数据资源，为创投平台提供行业"黑名单"等。但是，总体来说创投领域信用产品和信用服务较少，信用信息对创投主体约束作用不强，守信激励和失信惩戒作用不明显。

第三节　创投领域信用体系建设的思路与建议

创投领域信用体系建设，应贯彻落实党中央、国务院关于社会信用体系建设的一系列指示和要求，按照"全方位协同、全链条管理，规范奖惩、合理引导，分类监管、统筹实施，培育市场、激发活力"建设原则，以建立守信激励和失信惩戒机制、构建以信用为基础的创业投资领域新型监管体制为重点，以加强信用信息收集整理、开展信用评价、强化主体权益保障为支撑，推进创业投资领域信用体系建设，促进创投机构及从业人员、被投主体诚信守法，提升诚信意识和信用水平，忠实履行对投资者的诚信义务，净化行业生态环境，使诚实守信成为全行业的自觉行为规范，推动行业持续健康发展，做强做优创业投资，更好地服务实体经济，有力推动经济高质量发展。争取到2025年，创业投资领域信用信息实现主体、范围、环节全覆盖，创业投资行业信用评价精准有效，创业投资领域守信联合激励和失信联合惩戒机制全面发挥作用，以信用为基础的创业投资领域新型监管新体制全面形成，创投领域信用环境大幅改善，创业投资机构和从业人员诚信意识大幅提升，对高质量发展的支撑作用更加显著。

根据当前创投领域信用状况和信用体系建设现状，确立创投领域信用体系建设的重点任务，包括建设平台、开展信用评价、制定激励惩戒措施、积极开展应用及强化主体权益保障等方面。

一、搭建创投信用信息管理平台

加强与相关信息平台信息共享，为后续工作提供更多数据支撑。同时，加快完善行业信用制度和标准，让各项信用工作有章可循、有法可依。

（一）升级创业投资企业备案系统为全国创投信用信息平台

加快确定信息收集范围，制定信用信息收集目录，确定信息收集标准和格式。按照创投领域信用信息产生来源确定信用信息采集的方式和途径，将要求填报和自愿填报相结合，加大信息收集力度，提升信息收集共享质量。各级行业协会商会、第三方机构要全面做好创投机构入驻平台、从业人员及相关专业服务人员信息采集等工作，真实、全面、准确地提供企业和个人的基础信用信息。要不断拓宽相关主体信息采集范围，逐步建成创投领域信用信息权威平台。全国创投信用信息平台要实现与全国信用信息共享平台、全国企业信用信息公示系统互联互通。

（二）加快制定完善创投行业信用制度和标准

结合创投领域发展实际，以推动行业信用建设和业务有机融合为着力点，加快制定完善行业各领域的政策制度和标准规范。加快制定行业募、投、管、退等领域，以及信用承诺、归集、共享、公开、评价、联合奖惩中的信用政策，兼顾统筹设计和创新应用，让创投领域各项信用工作有章可循、有法可依。

二、积极开展行业信用评价

信用评价是创投领域信用监管的一项基础性工作，是开展分级分类监管的前提条件。要整合创投信用信息平台、全国信用信息共享平台、国家企业信用信息公示系统等平台数据，联合第三方机构对相关市场主体开展信用评价。建立健全创业投资领域信用服务机制，推动行业管理部门构建针对创业投资企业、创业投资管理企业等为主营业务的创投机构开展全覆盖、标准化、公益性的行业公共信用评价模型，精准绘制创投领域相关主体画像，定期将评价结果推送至相关监管机构、行业协会商会等，首先在监管机构、行业协会等内部使用，完善成熟后适时向社会推广。支持信用服务机构积极参与创投机构征信报告、信用评级、信用管理咨询及培训等信用产品和服务开发。为引导和支持创投机构主动管理好自身信用信息，可考虑由信用主管部门制定出台考察维度及指标体系，从合规经营、稳定存续、专业运作、信息披露等方面选取相关细化指标，建立会员信用信息自我积累、管理和运行机制，推动形成创投领域信用建设自我约束机制。

三、制定激励惩戒措施

根据创投领域行业发展特征，参考社会信用体系已发布的联合奖惩备忘录，制定具有针对性的激励和惩戒措施。

一是激励措施。激励措施应当瞄准行业面临的痛点堵点问题，如备案难、备案进程缓慢、退出手续烦琐等，参照信用评价结果在提高办理事项便利度、加大优惠政策支持力度、评选表彰优先考虑等方面给予支持。二是惩戒措施。失信惩戒措施应考虑创投行业特性，由行业主管部门审慎实施，主要包括加大监管力度、限制任职、限制参与相关活动等措施。

四、加强创投领域信用监管

为了更好地推进创业投资领域信用体系建设，促进创投企业及从业人员诚信守法，应在创投领域事前、事中、事后三个环节嵌入信用信息，激励守信、惩戒失信，构建以信用为基础的监管新格局。

（一）做好创新创投领域事前监管

在登记、备案等业务办理过程中，对于申请主体信用状况良好、材料不全，但承诺在规定期限提供的可先行受理，加快办理进度。制定创投领域格式化的信用承诺书，在行政事项办理、行业自律等方面大力推广创投领域信用承诺制。积极开展创投领域市场主体准入前诚信教育。积极开展创投领域信用评价，鼓励信用服务机构联合行业协会，利用公共信用信息平台、行业协会、信用服务机构等方面数据开发创投领域信用产品和信用服务，在市场准入、资质审核等事项中发挥公共信用服务机构和第三方信用服务机构出具的信用报告作用。

（二）加强创投领域事中环节监管

全面建立创投领域市场主体在募资、投资、管理、退出等业务流程中的信用信息的记录，鼓励相关主体在"信用中国"网站或备案系统等地方自愿注册经营、履约、社会公益等信用信息并承诺信息真实性，经验证的信息可以作为监管的重要依据。结合创投信用信息平台、公共信用信息平台等信息对相关市场主体开展信用评价，将评价结果及时推送给相关监管机构，为监管提供参考依据，根据评价结果实施分级分类监管，提高监管的针对性，将相关举措反馈至公共信用信息平台，促进创投机构主动守信。

（三）完善创投领域事后环节监管

根据相关部门在事前、事中环节形成的信用记录，建立健全创投机构信用评价和联合惩戒对象确认制度，制定创投行业联合激励和惩戒措施的标准。根据信用评价结果对守信主体在业务办理过程中给予加快办理、容缺受理等激励措施；将严重违法失信市场主体纳入失信联合惩戒对象名单，深入开展失信联合惩戒，认定部门依法依规督促失信主体限期整改，直至失信主体退出市场。由认定部门依法依规启动提示约谈或警示约谈程序，向失信创投机构下达专项治理整改通知书，督促失信创投机构履行相关义务、消除不良影响。约谈记录及整改落实情况记入失信主体信用记录，统一归集后纳入全国信用信息共享平台，向社会进行公示。

五、强化参与主体权益保障

失信联合惩戒只是手段，不是目的。创投领域市场主体因为主观、客观原因都可能会出现一些违法失信记录，应根据情况区别对待，开展多种形式信用修复，给企业自我整改、重新树立良好信用的机会。

要建立健全创投领域信用修复机制，明确创投领域信用修复内涵、区分模式、实施环节、相关主体权责、修复条件、修复程序、异议受理处理标注机制等。信用修复要体现关爱救济和鼓励自新原则，建立事前失信提醒和警示约谈机制及轻微失信免罚机制等。失信创投机构在规定期限内能够纠正失信行为、消除不良影响的，可通过信用承诺、完成信用整改、通过信用核查、接受专题培训、提交信用报告、参加公益慈善活动等方式开展信用修复。信用修复完成后，各地区各部门要按程序及时停止公示其失信记录，终止实施联合惩戒措施。建立轻微失信主体名单制度，制定与失信程度相适应的监管措施，屡次发生轻微失信行为的主体则可考虑列入联合惩戒名单中。

8 Chapter

第八章
注册制背景下社会信用体系
在资本市场应用研究

　　全球资本市场股票发行上市主要有发行审批制、核准制和注册制三种方式。注册制起源于英国，成熟于美国，目前成为世界范围内较为成熟和具有效率的审核制度。在中国经济加速朝着新动能、新产业、新消费方向转型升级之际，更需要以资本市场为载体的直接融资体系的推动和引导，坚定不移地推进注册制改革是适应经济发展转型的战略需要。从中长期来看，注册制的推行有助于提升经济的韧性，有望成为推动中国经济转型的引擎。同时，中国资本市场将与国际规则全面接轨，也有望吸引海内外优质企业来中国上市，成为更具包容性和成长性的多层次国际性资本市场。社会信用体系建设作为我国持续推进的一项基础性制度，与注册制内涵有较多相似之处，可为推动注册制行稳致远发挥重要作用。

　　自1990年我国建立股票市场以来，经历了审批制、核准制和注册制三个阶段（见表8-1）。目前，股票市场处于核准制和注册制并行阶段，全市场注册制步伐正在加快。

表 8-1　　　　　　　　　股票发行的注册制和审核制比较

项目	注册制	核准制	审批制
立法理念	发行权由法律授予	发行权由政府授予	发行权由政府授予
发审制度核心	以信息披露为中心	择优发行	发行额度管理、指标管理
监管理念	以后端促前端、以事中事后促事前	事前控制	以审批代替监管
发审方式	形式审核，发行审核与上市审核独立分离	实质审核，发行审核为主，上市审核为辅	行政审批，发行审核通过即可上市

注：审批制和核准制的特征描述，主要参考我国的审批制和核准制模式。

第一节　注册制下资本市场要求与社会信用体系的一致性

注册制下资本市场要求以信息披露为核心，发行条件更加精简优化、更具包容性，将核准制下发行条件中由投资者判断事项转化为更严格、更全面深入精准的信息披露要求，其要求的变化与一系列配套制度改革与社会信用体系建设及应用具有高度一致，若社会信用体系与资本市场深度融合，为资本市场注册制平稳运行提供有效支撑。

一、需要以事中事后监管为主

信息不对称理论指出信息在市场不同群体间有明显的信息差，市场中掌握更多信息的群体会利用信息差赚取收益，掌握优势信息的一方往往会操控市场进行获利，掌握信息相对较少的一方就会处于劣势甚至承受较大损失。由于信息不对称带来逆向选择和道德风险，迫切需要构建社会信用体系，通过加强市场主体事中事后监管，降低信息不对称程度。社会信用体系实质是经济社会治理一项基础性的工具和手段，借助信用主体过往信息记录对市场主体产生影响，在事中事后加强对市场主体的监管，让诚实守信成为市场主体在理性选择框架下的自愿选择。在这种思路下，市场主体进入时符合设置的基本条件即可，事前不对其做过多的严格限制，通过后端监管维护市场秩序。以社会信用体系在监管应用为例，信用监管是以市场主体已经发生过的信用记录为基础进行监管，这决定了信用监管是以事中事后监管为主，以事前监管为辅，形成事前、事中、事后的监管闭环，通过全链条的监管，尽量降低市场主体间的信息不对称程度，实现更精准识别违约、实施风险监控和违约惩戒，提高资源配置效率。

注册制改革与以事中事后监管高度契合，通过上市后的严监管降低信息不对称程度。在注册制下，监管部门对拟上市公司形式审查，在提高资本市场包容度、降低市场准入门槛的同时，将公司披露信息的审核与监管的着力点放置事中和事后，更加注重从"重事前、轻事后"转向"放松事前，加强事后"，通过事中事后监管降低资本市场信息不对称程度，为资本市场营造公平有序的环境。在注册制下，政府对于证券市场的事前监管逐渐弱化，越来越注重事中与事后的监管。以发行条件为例，全面推行注册制后公开发行股票条件由应当"具有持续盈利能力"的要求改为"具有持续经营能力"。核准制下要求企业上市前三年内盈利，不少企业为了发行而造假的案例比比皆是，造成了市场上严重的信息不对称，这种要求也限制了很多有发展潜力的公司通过公开的股票市场获得发展资金。核准制强调 IPO 前审核，对 IPO 违规披露的事后惩治缺乏重视，对于事前审核非常严格，事中事后的监管则缺乏必要的重视。注册制在采取事前形式审核的方式，更加注重通过加强违规的事中事后惩治，倒逼发行申请人依法做好 IPO 的事前信息披露。相比核准制来说，注册制依靠更加严格的信息披露以及执法惩治，对资本市场造假欺诈行为形成巨大震慑，以后发制人的方式为 IPO 信息披露保驾护航，降低资本市场信息不对称程度。

二、需要多部门、多主体协同

根据博弈论理论，单次博弈下会让参与者容易选择损人利己的行为。通过社会信用体系的作用，将市场主体行为从一次博弈转换为重复博弈，将博弈时"一对一"改变为"一对多"，市场主体不再是与单个人或组织之间的一次性博弈，而是要与社会多主体之间进行重复博弈，持续时间也从短期中静态的信息不对称转变为长期内动态的信息对称。社会信用体系天然要求不同参与主体协同，改变了博弈的格局和信息不对称的状况。社会信用体系需要市场主体各方面的信息作为依据，信息来源于不同部门，而且后续联合奖惩等措施也需要各部门之间协作，因此天然要求各部门协同。通过社会信用体系的作用，就是要改变传统的单打独斗监管方式，广泛纳入社会力量参与监管，提高监管效能，倒逼市场主体重视自身信用状况，营造遵纪守法、诚实守信、公平竞争的市场环境。在社会信用体系的构建从总体上改变了博弈的格局和信息不对称的状况，使市场主体不能无视它的存在，成为现代市场经济中影响经济主体信用行为选择的一个重要因素。

注册制下，监管任务更重、要求更高等要求资本市场监管多部门多主体协同，让上市公司在市场活动中从单次博弈转为重复博弈。首先，从数量上来看，全面实行注册制后，企业入市数量将增多，上市公司退市数量增多、进程加快等方面因素影响使监管任务更加繁重，原先依靠证券管理部门的监管越来越不能适应，监管需要的信息也越来越寻求其他部门的协助。以注册制较为完善的美国为例，虽然美国 NASDAQ、NYSE、AMEX 三大市场上市公司仅 6200 余家，但其具有极高的退市率，监管任务非常重。据统计，1990～2000 年，美国纽交所和纳斯达克两市共有 IPO 公司 6507家，其中，截至目前仍然存续的公司仅 1180 家，另外的 5327 家公司已经退市，整体退市率达到 82%。我国自股市建立以来，截至 2021 年底，上市公司 4700 家，自股票市场建立以来不足 200 家公司陆续退出，监管强度相对较轻。注册制下，上市公司将面临重复博弈环境。核准制下，上市公司精力主要放在成功发行上市，加之相关部门协同性不强，上市公司主要面临单次博弈。注册制下，在完善的社会信用体系支持下，上市公司 IPO前的生产经营情况及上市后的情况在各部门信息归集共享，其面临的不再是各自为政式的监管，不再是与各部门的单次博弈，而是要面临在信息共享、部门协同下的联合监管，要与多部门进行多次的重复博弈。单次博弈到重复博弈，多主体协同对上市公司将会产生"事半功倍"的监管效果。

三、需要差异化监管

监管目的在于让市场主体按法律法规和行为指南办事，但监管资源是有限的，不能眉毛胡子一把抓，必须把有限资源用在"刀刃"上，实现更有效和更精准监管。在完善的社会信用体系下，对市场主体的监管就是要基于其信用状况的差异化评价，实施差异化监管措施，有助于合理有效分配监管资源，将资源配置在需要监管的重点领域、重点环节、重点对象。对于资本市场更是如此，特别是实行注册制，上市公司数量更多、监管难度加大，根据上市公司状况不同进行差异化监管的需求日益迫切。上市公司是市场主体组成部分，要接受相关领域监管部门的监管，证券主管部门在有限的资源下，也需要根据上市公司情况，包括上市公司作为市场主体的一般情况以及作为公众公司的特别情况为判断依据，对上市公司差异化监管。在实践操作中，证券监管部门已经与市场监管部门进行了有益探索，在加大对违法行为的震慑力度、有效防范金融风险、维护市场秩序等方面起了一定作用。

四、需要诚信约束机制发挥更大作用

声誉机制作用在于，虽然市场参与者谋取私利的机会主义行为可以获取短期收益，但是市场主体将会面临声誉受损的风险，在后续生产经营中将受到更多限制，整体来看将会得不偿失。因此，市场主体将出于维护声誉的目的而抑制机会主义和道德风险。相关研究显示，资本市场上，上市公司、承销商等中介机构会为了声誉资本而诚信经营、承担监督责任。在社会信用体系作用下，社会诚信氛围浓厚，诚信约束机制将会发生更大作用。社会信用体系通过加强更充分的信用信息归集共享使用，通过对市场主体进行守信激励与失信惩戒，通过"异常名录""黑名单"、联合惩戒等对失信违法的市场行为进行全方位限制，使失信违法市场主体"一处违法，处处受限"。经过一段时间运行后，这些治理手段的存在本身就会给予人们一种稳定的预期和可置信威慑，不需要真正动用人们就会按照制度的约束行事，治理措施更容易通过"意念"而非实际实施发挥作用，诚信约束机制发挥重要作用。巨大威慑力使市场主体在经营中更加注重合法合规、提升信用度，促使市场主体及时纠正自身经营管理中出现的问题，市场主体失信违法行为将大量减少，用较的成本即可实现较好治理效率。

　　诚实信用是资本市场的基石，资本市场需要完善的诚信义务体系和健全的约束机制。市场经济是信用经济，资本市场是市场经济发展到较高阶段的产物，对诚信更加依赖，资本市场运行特征使其必须以诚信为基础。诚实信用不仅能指导市场运行，维护市场活动有序运行。资本市场诚信约束机制发挥有效作用，市场主体能够享受信用带来的安全的市场环境和有序的竞争制度，各中介机构相互配合，各司其职、有条不紊地提供市场专业化服务，为投资者把好关，更好地承担信息过滤的重要使命，更加能够保证资本市场信用能行之有效、落到实处，特别是在注册制背景下，激发资本市场能动的创新与不断地发展，更好地为经济社会发展服务。

第二节　社会信用体系建设在资本市场应用存在的问题

　　注册制以信息披露为核心，发行条件更加精简优化、更具包容性，将核准制下发行条件中由投资者判断事项转化为更严格、更全面深入精准的信息披露要求。但由于社会信用体系建设与注册制要求结合不紧密、两者融合程度不高，相关主体对这种变化的理解不到位，中介机构尚未真正具备与注册制相匹配的理念、组织和能力等，导致出现了一系列问题。

一、材料真实性不足问题逐渐暴露

　　注册制与核准制相比，发行条件有所放松，上市审核周期更短、过会率更高，在巨大红利面前不少企业的上市计划大幅提前，特别是申报科创板企业数量猛增。但是，与巨大上市热情形成鲜明对比的是上市材料真实性问题却没有相应保证，市场甚至流传"注册制还是注水制"的说法，强烈呼吁要把好 IPO 入口质量关。例如，在证监会例行现场检查和上交所现场督导中，被抽中的企业出现大幅撤回情况，说明拟上市企业和保荐人对材料真实性"心虚"。2021 年 1 月 31 日，证券业协会对已被受理的科创板和创业板企业抽签检查，抽中企业 20 家，但事后多达 16 家企业撤回申请材料，撤回率高达 80%。

现场检查企业出现问题概率高，对随意撤材料行为缺乏制度化的惩处措施。根据证监会过往现场检查案例来看，经过现场检查的企业大多被指出了各种各样的问题，部分甚至被移交给了稽查部门。证监会 2019 年对 84 家企业现场检查后，对多数企业采取了移送稽查部门、出具警示函、重点关注、督促整改会计处理及内控问题等措施，这些企业均存在不同程度的问题。虽然相关部门对大规模撤销上市申请给予高度关注，表示发行人、保荐机构绝不能"一撤了之""带病闯关"，但对于随意撤材料的行为还没有制度化的处理规定，交易所没有充分落实"披露即担责"的要求。然而，上交所并未对相关企业主动撤回申报的原因进行仔细审查，更谈不上作出处理。出现这种情况的原因，与上交所审核资源紧张，申请上市公司又源源不断，缺乏充足的资源和时间深究主动撤回者的信息披露责任有关。

市场化发行机制不健全导致发行拥堵问题。科创板市场化发行机制不健全、管部门对发行人和中介机构惩罚力度不足，导致发行拥堵问题。在成熟的注册制下 IPO 出现发行拥堵是一种不正常情形，注册速度变缓主要原因是发行人认为窗口难得、大量企业集中申请发行，监管部门考虑市场承受能力控制注册速度。虽然注册制试点已经接近两年时间，总体上做到了依法审核、透明审核，但是科创板新股发行的主导机制依然是有形之手，市场化、法治化机制还未形成，规则执行层层加码，窗口指导难以杜绝。以股东核查为例，文件要求"入股异常"才穿透核查，但审核人员执行起来却要求全部核查，远超文件要求。此外，处罚力度不足也促使了申请发行热情高涨。

二、资本市场诚信数据库有待完善

在社会信用体系建设下，信用信息归集共享是基础性支撑，除了全国信用信息共享平台之外，还有金融信用信息基础数据库、国家企业信用信息公示系统等专业性平台，资本市场也有专业性的信用信息归集平台。2008 年，中国证监会建成并试运行资本市场首个统一的诚信档案，2012 年，证监会开始建设"资本市场诚信档案数据库"，囊括了主体基本信息、行政许可审批信息、违法违规处理信息、行业自律管理信息、日常监管关注信息、部际共享信用信息、舆论媒体反映信息 7 大类诚信信息。但是作为资本市场专业性信用信息归集平台，存在诚信档案内容构成不清晰、利益相关者权属和职责模糊等方面的问题。

资本市场诚信档案内容有待明确。明确资本市场诚信档案到底由哪些具体的内容构成，是资本市场诚信档案建设工作应解决的关键问题。虽然，学界对于以个人和企业为主体的诚信档案的内容都进行了一些探讨，但无论是个人诚信档案还是企业诚信档案的内容构成都缺乏针对资本市场这一特殊领域的专门探讨，资本市场诚信档案理论支撑不足。从实践来看，《证券期货市场诚信监督管理办法》对证券期货市场诚信信息的主体和具体内容作出了明确的规定，但该办法的部分规定与上位法的衔接和协调存在问题，如该办法关于相关违法信息效力期 5 年的规定，与《中华人民共和国公司法》中 3 年的规定存在冲突。在扩大诚信数据库覆盖面的同时，另对上市公司的失信行为要根据情节的轻重区分度不足，如涉及造假上市的显然不能混同于一般的失信行为来管理。

资本市场诚信档案权属职责不清。资本市场诚信档案建设是一项跨部门、多领域、多层面、流程复杂的系统性工程，一方面，诚信档案建设过程中出现的专业问题离不开档案主管部门的业务指导；另一方面，诚信档案的保管、移交、评价、利用、监督等环节也需要中国证监会与其他政府机关、社会组织等进行协调。如果不能通过法律法规确立明晰的共建共享机制，明确利益相关者的权利与义务，将极大地影响资本市场诚信档案建设的顺利推进。

三、多主体协同监管机制不健全

资本市场注册制实施后，对信息披露的要求更高，审核机构面临更大的审核压力，迫切需要相关部门、交易所、行业协会、中介机构等加强制度化合作，但多主体间的合作尚未有实质性改进措施。

协同监管关键在于信息共享，但相关工作推进较慢，信用信息共享平台尚未得到有效发挥。2019年7月，中国证监会、国家发展改革委、中国人民银行等单位联合发布《关于在科创板注册制试点中对相关市场主体加强监管信息共享 完善失信联合惩戒机制的意见》，提出在监管信息查询、失信信息推送、信用记录应用、失信联合惩戒、其他事宜等方面规定了合作内容。文件出台两年多，在信息共享、失信联合惩戒等方面尚无实质性举措。2020年10月发布的《国务院关于进一步提高上市公司质量的意见》及2020年11月上交所制定的《推动提高沪市上市公司质量三年行动计划》提出加强多主体合作，凝聚各方合力，优化市场生态。目前多主体协同尚有较大改进空间。"数据孤岛"现象依旧存在，通过接入其他行业的社会信用体系来完善资本市场诚信数据库的资本市场信用体系仍不健全，交易所缺乏便捷化的信息查询通道，获取拟上市企业在其他领域和其他部门存在违法失信记录存在不及时、不方便现象。不同监管主体信息交流、沟通不畅，监管"不信任"依然存在。在实践操作中，交易所审核放松、信息共享不足导致审核支撑不足的情况下，证监会对提交注册材料真实性存疑，因此注册环节变严，导致注册环节严格和审核环节宽松的矛盾。

四、信息披露违法成本偏低

注册制以信息披露为核心，针对信息披露违法行为的处置成为注册制下资本市场违法处理的主要抓手。但是，对于相关违法违规行为处置存在法律供给不足，执法不严等问题。

缺乏高质量的法治供给，行之有效的举措落地较慢。立法机制滞后，授权性立法总体偏少、授权层级较高等问题突出，相关法规对于市场虚假信息披露者的民事责任界定不够清晰。新的证券法对中介机构惩处力度有所加大，但对发行人的惩罚力度远远不足。投资者保护机制有待健全，集团诉讼制度、公平基金制度等落地难、落地慢，对违法违规主体及相关责任人的经济处罚和责任赔偿有待加强。

对信息披露违法违规行为的执法不严、威慑不足。对于信息披露违法违规的处罚依据主要集中于新证券法和两部规范性文件，根据违法违规行为及其情节不同，证监会可采取的处罚措施包括责令改正、监管谈话、出具警示函、将相关人员认定为不适当人选、市场禁入、一定时间内不接受发行文件、暂停或撤销保荐人业务资格等；上交所可以采取的处罚措施包括书面警示、监管谈话、限期改正、通报批评、公开谴责、一定时间内不接受发行文件、将相关人员认定为不适当人选等。其中，限期不接受发行文件、暂停或撤销业务资格、市场禁入对责任主体的冲击力较强。在科创板试点注册制下，根据对证监会和上交所作出的全部监管措施的梳理可以发现，证监会在其做出的 15 次监管措施中，仅对容百科技、杭可科技两个发行人采取了"1 年内不接受发行人公开发行证券相关文件"的监管措施，其余 13 次监管措施均为"监管谈话"或"出具警示函"；上交所作出的 16 次监管措施全部为"监管警示"。由此可见，在目前的执法实践中，上交所和证监会执法裁量过于宽松，采取的处罚措施主要是警示，缺乏实质性的责任后果，也是相应规定中较轻甚至最轻的情形，很难让责任主体感到切肤之痛。

五、中介服务水平和诚信度有待提升

中介服务机构质量无法满足资本市场需要，责任压实不够。截至 2021 年底，我国证券经营机构仅 140 家，"机构同质化、业务通道化、竞争公关化"特点突出，会计师、律师、评估师等各类型专业机构没有形成权责匹配、各司其职的中介机构体系，注册制下中介机构的责任边界也需要进一步厘清。实际上，无论是核准制还是注册制，保荐机构所承担的责任比会计师事务所、律师事务所、资产评估机构都大得多。而且，一旦发行人出现欺诈发行等情形，保荐机构要承担"先行赔付"责任，而其他中介机构所承担的责任非常之小，甚至于连带责任都不会承担，这对于保荐机构显然是不公平的，更重要的是不能有效压实其余中介机构的责任。实际上，一家企业上市，几乎所有中介机构均在其中扮演着非常重要的角色，所有中介机构都从中获取了利益，但出现问题后，只有保荐机构承担责任，这显然也是值得商榷的。因此，厘清中介机构的责任也非常的重要。

缺乏中介机构的声誉约束机制。在试点注册制中，中介机构没有充分发挥资本市场看门人作用，既有法律法规震慑力不强的原因，也有中介机构约束和评价体系缺乏的原因。成熟资本市场的中介机构之所以能够做到运行规范，主要原因在于有一套科学、可行的中介机构声誉约束机制。例如，香港证监会规定，如果提交的上市文件存在重大遗漏等瑕疵，保荐人相关信息会永久留存在联交所权威信息披露网"披露易"上，使香港证券市场上的中介机构不得不充分珍视自己的"羽毛"，从而更加审慎地进行上市文件的审查工作。从中可以看出，科学合理的中介机构声誉约束机制可以直观反映中介机构的执业经历与奖惩情况，而长期履职充分尽责的中介机构会获得更好的行业评价，投资者也会对这些中介机构更加信赖。证券中介机构作为市场中的重复博弈者，为维护自身声誉、获得长远发展，有充分理由不为一时之利损害自己的名誉，从而抵挡默许欺诈带来的一次性眼前好处。因此，及时建立一套针对中介机构的声誉约束机制不但必要，而且具有可行性。

第三节　资本市场监管办法的国际借鉴

作为注册制实行多年的美国，多年来积累的经验对正处于注册制试点的我国来说，可以作为一定的参考。

一、采取注册制和双重审核制

美国的证券发行与注册制度有两个特点：一是以信息披露为中心，即实行"注册制"；二是联邦政府和州政府的双重监管。其中，"注册制"是指美国建立了以信息披露为中心的证券发行上市制度，其核心思想是让发行人进行充分且公允的信息披露，使投资者能够全面地掌握与发行人相关的信息，作出恰当的投资决策。但"注册制"并不意味着美国证监会只对材料是否合规进行审核，事实上，美国证监会也会对公司所提交的材料进行实质性审查，这样做是为了督促企业披露对投资决策产生实质影响的相关信息。而联邦政府和州政府的双重监管制度是指由联邦和州政府负责证券能否公开发行。联邦证券法仍保留了明确各州对证券监管权的条款，州政府监管机构更关注于信息披露的公平公正。联邦与州的双重"注册制"长期并存，看上去有重叠和低效的效果，在实践中却达到补位、合作的效果。美国证监会在州政府监管的基础上，更多关注企业披露对于投资决策产生实质性影响的因素，如商业模式、运营合规性和潜在的风险。尽管美国证监会对企业披露的信息真实性并不做专门性的审核，但是如果发现存在虚假披露的情况，美国证监会有权终止注册文件的生效。另外，美国证监会在进行审核时的自由裁量权要大于州政府监管机构。

二、多主体协同提高监管效率

美国市场围绕充分信息披露的基本要求，注重发挥好律师等中介机构、监管机构以及司法机关等不同主体的作用，增强招股说明书信息披露对投资者决策的有用性，增强监管效果。

（一）确立"重大性"标准，综合平衡信息披露的充分性和有用性之间的关系

美国法院在司法裁判中确立了重大性标准认定中三个基本要素，标准的适用对象、相关信息披露对投资者决策过程的影响以及对决策过程产生影响的可能性的程度，为监管提供重要法律上的依据。"重大性"标准是对于"理性投资者"而言的，其判断还需要进行定性定量合分析，相关事实所涉金额大小不是判断事实是否重大的唯一标准，"重大性"标准的判断需要结合招股说明书上下文进行整体判断。美国证监会还针对可能存在一定疑义的条款增补"说明"，并根据发行监管中招股说明书的撰写情况，为发行人及中介机构提供具体指引。此外，还要求招股书语言简明。为了解决招股书"重要但无用"的状况，美国证监会引入了"简明语言规则"，规范招股说明书的格式与用语，要求发行人应当以清晰、准确和易懂的方式陈述信息，特别是对封面、扉页、摘要以及风险因素章节，应当符合简明语言行文原则。

（二）实施差异化审核

美国证监会根据申报文件的质量，确定不同的审核模式。对于发行人提交的申请材料存在重大缺陷或不完整，美国证监会会适用延期审核模式，由审核工作人员会向发行人发出"重大缺陷函"，列明申请文件中存在的重大缺陷，并中止审核进程，直至发行人补正并重新提交申请材料。并且，在收到发行人重新提交的申请后，美国证监会工作人员也不会加快对该申请的审核进度。

（三）由发行人律师牵头撰写招股说明书，发挥其合规性、审慎性等专业特点

律师在整个发行活动中的作用包括进行尽职调查、起草招股说明书和统筹整个发行申报工作。正因为律师在整个发行准备特别是招股说明书的起草制作中发挥着相当重要的作用，美国证券监管机构和法院也提出了一定的履职要求。

三、强化责任约束和声誉约束

(一) 加强责任约束

自从安然、施乐等事件爆发之后，美国相关部门陆续出台了一系列法律法规，弥补监管缺口，形成了民事诉讼、证券交易委员会（美国证监会）行政执法和司法部刑事诉讼三位一体的综合性责任体系。其中，集团诉讼等民事责任机制分担了私人诉讼的高昂成本，激发了打击证券欺诈发行积极性；美国证监会作为美国证券市场行政责任体系的核心，不断加大资源投入与执法力度，形成了对违法行为的有效震慑；司法部刑事诉讼有效弥补了证券监管事前约束与事中检查的不足。

(二) 强化声誉机制作用

在多部门加强监管合作的同时，美国注重加强中介机构的责任，强化市场力量和声誉机制作用。美国还构建了相对完善的声誉评价及披露渠道，培育了一批关注声誉和长期利益的中介机构，形成了有效的声誉约束体系。例如，招股说明书由合规意识较强的律师牵头撰写，发挥其中介把关作用。与此同时，市场化的定价机制以及高效的证券集团诉讼机制也对发行人和中介机构起着重要的约束作用。实证研究表明，在风险因素、募集资金用途和管理层分析与讨论等章节中，模板式的表述每增加10%，发行人遭遇集团诉讼的概率也增加1.5%～4%。低质量的招股书导致发行定价较，在风险因素、募集资金用途和管理层分析与讨论等章节中，模板式的表述每增加10%，发行定价则相对应降低5.1%～6.2%。而且，低质量的招股书加大上市后股价波动。标准文本使用比率越高，新股上市后首日交易的买卖价差越大，做市商买卖发行人股票的买卖价差也越高，证券分析师对股票的推荐意见之间的分歧也较为明显。

(三) 充分激发"内部人"约束潜力

举报人制度是遏制违法违规行为的重要一环。资本市场信息不对称程度高，随着违法违规行为越来越隐蔽，仅依靠监管部门查处、依靠中介机构监督，找出问题的困难会越来越大。由于内部人掌握大量有效信息，如何调动"内部人"或者"知情人"对违法违规行为的举报和激励就显得日益重要。以美国证监会为例，在其举报人激励制度中，不仅明确规定了举报人的资格、程序以及获得奖励的条件，还多次调高了对举报人的奖励金额比例，目前该比例高达罚没收入的 10%～30%。据公开报道，近年来美国证监会对一名举报人支付了 1.14 亿美元巨额奖励。

四、经验借鉴

（一）借鉴美国双重审核制，多部门参与证券监管工作

美国的双重审核制是由于其联邦体制借鉴，在我国并不适用。但是，其分权的思想可以借鉴。特别是注册制改革肩负着强化资本市场功能服务实体经济这一重要使命，需要从更为宏观视角参与资本市场监管改革，仅依靠现有证券监管机构难以满足使命。

（二）加强部门协同，强化责任约束

美国监管机构、司法机关等对资本市场的问题，在各自领域加强力量、各司其职，构建了三位一体的综合性责任体系，形成了监管合力，为资本市场保驾护航。我国资本市场惩处还是以行政处罚为主，民事诉讼和刑事诉讼相对较少，不能对资本市场违法行为形成有效的震慑作用，应该在这两个方面加强力量。对于中介机构来说，应加强声誉机制作用，形成对监管力量不足的有效补充。

（三）充分借助内部人力量

消除信息不对称是资本市场重要且一直要做的事情，但无论是监管机构、司法部门还是中介机构等都是局外人，很难有效掌握上市公司内部信息。因此，美国注重调动"内部人"或者"知情人"积极性，鼓励内部人

对违法违规行为的举报。我国虽然相关制度也有对举报人奖励的规定，但从奖励金额来看，大部分都控制在 10 万元以下，且金额上限也相对较低。因此，在如何有效利用"内部人"作用上需要做更多思考。

第四节　A 股注册制否决案例分析

试点注册制下，对拟发行上市的案例特别是被否的 IPO 案例进行分析有助于了解注册制运行的情况，对完善注册制运行的制度基础有助益。

一、A 股注册制否决案例

（一）恒安嘉新—科创板被否

1. 项目基本情况

公司主营业务是向电信运营商、安全主管部门等政企客户提供基于互联网和通信网的网络信息安全综合解决方案及服务。项目于 2019 年 4 月 3 日受理、2019 年 7 月 11 日通过上市委会议审核、2019 年 7 月 18 日提交注册，2019 年 8 月 27 日证监会作出不予注册的决定。项目历经四轮审核问询、一轮审核中心审核意见、一轮上市委审核意见、一轮证监会注册环节反馈意见，七轮问询/审核意见中均涉及相关重大合同收入确认时点的合理性及调整情况。

2. 项目被否的主要原因及分析

恒安嘉新在首次申报材料中将 2018 年 12 月 28～29 日签订的 4 个项目合同在 2018 年确认收入，由于未回款、未开具发票，与其合同相关条款不一致，与报告期内其他项目收入确认政策差异较大，无充分证据表明收入确认符合企业会计准则。公司于申报后进行会计调整，该调整对报告期最近一年扣非后归母净利润的影响达到 89.63%，超过 20%，并无充分理由认定为特殊会计判断事项导致的调整事项，最终导致被否定。结合上交所历次问询问题及上市委员会关注问题、注册环节反馈意见等，每一轮均涉及收入确认时点调整情况，该项目不予注册的核心原因应该是收入确认时点调整导致的会计基础工作薄弱和内控缺失。

（二）兴嘉生物—科创板被否

1. 项目基本情况

公司自 2002 年成立以来，兴嘉生物持续专注、聚焦于新型、安全、高效的矿物微量元素研发、生产、推广与销售，不断推动行业的技术升级和产品变革，为客户提供高品质的矿物微量元素平衡营养方案，促进矿物微量元素行业的健康良性发展。项目于 2020 年 5 月 29 日受理，2020 年 11 月 26 日未通过上市委会议审核。项目历经两轮审核问询、一轮审核中心审核意见，三轮审核意见中均对发行人是否符合科创板 "生物医药行业" 定位，专利情况及发行人高管薪酬计入研发费用存在质疑。

2. 项目被否的主要原因及分析

上交所历次问询问题及上市委员会关注问题、注册环节反馈意见等，均对发行人的科创行业定位及多项科创属性指标存在质疑。发行人在问询后，屡次修改招股书。专利数量修改，高管部分薪酬从计入研发费用调整到管理费用，科创板行业属性从 "生物医药" 调整到 "安全、优质、专用新型饲料、饲料添加剂"。上述修改，说明了发行人及保荐机构一开始想打擦边球，带病申报。交易所反复问询之后，扛不住问询压力，最终修改到位。注册制下充分信息披露为主，饲料企业想包装成生物医药行业，且因为科创属性不足，硬把董事长、总经理的部分薪酬计入研发费用，属于信息披露虚假了，这构成了兴嘉生物被否的核心原因。由此可见，招股书在开始撰写时一定要谨慎，且要考虑到目前从严监管充分信息披露的审核机制下，申报后就不能轻易修改，保荐机构需要重视科创板的发行条件，谨慎判断发行人的科创属性，加强内控管理，进一步压实中介机构看门人的责任。

（三）精英数智—科创板被否

1. 项目基本情况

精英数智公司是一家为煤炭等高危行业提供以自主软件为主的安全生产监测及管理整体解决方案的高新技术企业，产品和服务面向煤矿等高危行业企业、安全监管部门、保险及安全服务机构。项目于 2019 年 11 月 11 日受理，2020 年 9 月 1 日上市委会议审核被否决。项目历经三轮审核问询、一轮审核中心审核意见、一轮上市委审核意见，七轮问询/审核意见中均涉及采用项目服务商方式开展业务的商业合理性、内部控制制度，以及应收账款逾期及坏账准备计提充分性、占主营业务收入比例较大的安全生产风险智能检测业务的可持续性、核心技术 GIS 平台的技术壁垒等多个问题。

2. 项目被否的主要原因及分析

该项目不予注册的核心原因为：采用项目服务商方式开展业务的商业合理性存疑；应收账款规模及逾期风险较大，且公司对资信状况恶化客户应收账款的坏账准备计提充分性；占主营业务收入比例较大的安全生产风险智能检测业务的科创属性及可持续性。

（四）国科环宇—科创板被否

1. 项目基本情况

国科环宇公司是一家航天关键电子系统解决方案提供商，是我国载人航天、北斗卫星导航系统、高分辨率对地观测系统等国家重大科技专项关键电子系统的核心供应商。项目于 2019 年 4 月 12 日受理，2019 年 9 月 5 日经上交所上市委审核，作出不予通过的决定。此为科创板历史上第一单被上市委否决的项目。项目历经三轮审核问询、一轮上市委审核意见，四轮问询/审核意见中关注的重点问题为发行人是否具有直接面向市场独立持续经营能力、信息披露有效性。

2. 项目被否的主要原因及分析

该项目被否决的核心原因应该是发行人不具有直接面向市场独立持续

经营的能力、信息披露的有效性。保荐机构和发行人律师在首次申报和首轮问询回复中未对信息披露豁免不影响投资者决策判断事项发表明确、无保留的结论性意见，仅在第二轮问询回复中对该事项发表了肯定意见。发行人也未能充分说明相关联交易定价的公允性，很难看出发行人业务的独立性；发行人直到第三轮问询回复才披露关联方单位 D，对业绩占比较高的单位 A、单位 B，无法披露其名称，以及其与单位 A 之间的关联关系。另外，保荐机构和发行人律师对信息披露豁免不影响投资者决策判断事项直到第三轮问询回复才发表肯定意见。综上，国科环宇不具备直接面向市场独立持续经营的能力，未做到充分的信息披露。

（五）博拉网络—科创板被否

1. 项目基本情况

企业大数据服务提供商，基于自主研发的 E2C（E-serviceto Company）数字商业大数据云平台，通过"大数据+技术产品+应用服务"的业务模式，为企业客户提供技术开发服务和大数据应用服务。项目于 2019 年 4 月 24 日受理，2019 年 11 月 14 日上交所审核结果公告显示未通过。项目历经三轮审核问询，一轮上市委审核意见；审核意见中均涉及相关重大合同收入确认时点的合理性及调整情况。历次问询/审核意见中均关注发行人对于自身业务模式与实质业务情况，准确性；发行人核心技术与主营业务应用情况。总的来说，本案例属于较为典型的"行业包装"失败被否案例。

2. 项目被否的主要原因及分析

针对交易所问询，发行人的相关回复主要存在如下问题：一是针对发行人 E2C 平台（即发行人披露之核心技术平台）及衍生服务的相关回复表述仅有文字化描述，且缺乏准确性。此类描述性回复未能向交易所及投资者充分解释发行人相关技术的具体应用模式与技术先进性，无法达到直白且易懂披露要求。二是关于发行人定位，存在行业粉饰问题。针对发行人定位，交易所重点关注发行人业务与数字营销、媒体投放的区别，但发行人虽注意到数字营销与精准媒体投放之实质基础为大数据的事实基础，并援引 AWS（即亚马逊云服务）为例，但因其申报的业务分类未能充分匹配其行业定位，回复内容模糊，只能依靠堆砌国家产业文件登录等方式对公司业务进行"定义"，在大量引用相关文件原文后，仅以"在发行人和各可比上市公司中，发行人是唯一被全国信息技术标准化技术委员会列入大数据标准工作组全权成员单位的企业。发行人还存在重文字论证，轻数据支撑的整体性问题。

（六）江苏网进—创业板被否

1. 项目基本情况

发行人立足于智慧城市行业，以自主研发的一系列软件产品及物联网应用平台为支撑，围绕城市运行、社会治理和安全管理的核心领域，运用大数据和人工智能等技术，向客户提供项目咨询、方案设计、设备采购、软件研发、系统集成及运营维护的一站式综合解决方案，是一家专业的智慧城市 IT 服务商。项目于 2020 年 6 月 29 日被深圳证券交易所受理，2020年 7 月 21 日被首轮问询，2020 年 11 月 11 日，深圳证券交易所创业板上市委审议了该项目的首发申请，由于该项目不符合发行条件、上市条件和信息披露要求，深交所创业板上市委作出不予通过的决定。

2. 项目被否的主要原因及分析

创业板上市委员会审议认为，发行人未能充分、准确披露相关股东之间的股权转让及其资金往来和纳税情况、实际控制人股份权属、文商旅集团仅作为财务投资人的合理性等，不符合《创业板首次公开发行股票注册管理办法（试行）》第六条、第十二条以及《深圳证券交易所创业板股票发行上市审核规则》第十五条、第二十八条的规定。根据上述规定，结合创业板上市委员会认为发行人不符合发行条件、上市条件和信息披露要求的审议意见，决定对发行人首次公开发行股票并在创业板上市申请予以终止审核。

二、总结分析

纵观上述注册制试点下，IPO 被否的问题，发行人收入确认、应收账款坏账准备等问题也备受关注。除了财务问题之外，A 股市场注册制在审核发行人的上市资格时，较为关注科创属性、股份权属、实控人认定、内部控制、业务和技术相关问题、独立性等。

（一）对注册制存有一定敬畏之心

注册制是一种新的、较为开放的审核理念，但不意味着无底线，仍需遵守一定的标准和要求。若想资本市场发展得好，市场各方仍应时时刻刻存有对市场的敬畏之心。在注册制强调信息披露真实性的监管风格下，发行人如果存在严重的信息披露瑕疵，难以抵挡监管部门的问询，最终导致上市失败。

（二）科创板审核中，发行人科创属性是重点关注问题

交易所一般会通过层层问询弄清发行人说明业务及产品的主要模式，市场竞争所依托的关键要素。同时，交易所还会进一步根据核心技术产品产生收入占主营收入的比例判定发行人核心技术的应用程度，从而判定发行人是否具备现实的科创属性。

（三）交易所特别关注发行人的收入的真实性及可持续性

无论是从反复要求发行人将拆分后收入口径与各种业务数据对比，还是对应收账款规模及坏账准备计提政策的审慎关注，又或是关注销售渠道各种服务商管理的内控有效性，关注潜在市场容量，本质上都是落实到对收入真实性及可持续性的审查要点中。

第五节　加强社会信用体系支持资本市场发展的建议

针对上述问题，需要加强多部门协同协作，国家发展改革委应积极发挥宏观协调作用，证监会强化主管责任，在"以信息披露为核心""建制

度、不干预、零容忍"的注册制精神指导下，通过加强多主体协同监管制度、严肃注册制申请行为等净化注册制生态，建立健全注册制健康发展长效机制，为全市场注册制改革积极创造条件，提升资本市场服务经济社会发展的能力。

一、以社会信用体系为载体完善注册制全流程全链条监管机制

（一）夯实注册制部门协同监管制度基础

注册制关键在于高质量的信息披露，以信息披露来约束上市企业的行为。多部门间高效的信息归集共享是实现高质量信息披露的重要支撑和保障。社会信用体系建设是统筹部门信息协同的重要载体，监管部门、中介机构、行业协会、信用服务机构等主体在社会信用体系框架下通过信息有效归集、共享、使用，从而实现对上市主体行为的约束。在我国社会信用体系建设逐步规范化发展情况下，加快推动落实中国证监会联合七家中央单位发布《关于在科创板注册制试点中加强信息共享与失信惩戒的意见》相关措施，证监会加强资本市场诚信档案数据库建设，积极推动与相关平台信息共享，尽快形成针对资本市场有效的监管合力。

（二）丰富监管层级，形成有效监管分工

我国股票发行信息披露监管虽然形成了行政监管和市场监管的两级监管，但由于我国的证券自律组织缺乏独立性、证券交易所和证券自律组织缺乏足够监管权限、证券自律组织对中介机构的监管有限等问题，交易所、中介机构等力量没有起到很好的监管作用。美国注册制实行的是以"州层面实质审核，联邦形式审核"的双重审核制度，美国监管机构有庞大的专业团队分行业开展审核工作，形成了有效的二级监管体制。我国应给予证券交易所更多监管权限，提升证券自律组织的权威性，与证券监管机构形成监管分工，借助更多力量提升监管能力。

（三）完善上市信息披露制度

整合信息披露规则体系，强化上市发行信息披露中的科技创新和国家战略导向内容，建设资本市场的统一信息披露平台，加强市场和社会监督。强化发行人和中介诚信责任，建立跨部门信用联合奖惩机制和市场失信人员和机构名单。

二、提高信息披露违法违规的成本

（一）增强 IPO 申请严肃性，建立发行材料撤回责任制

针对拟上市企业请材料自由撤回多发的情况，提交上市材料受理后，特别是在被抽到现场检查或督导后撤回材料的企业，再次提交材料后被抽中现场检查或督导的概率应大幅提升，从严审核。同时，压严压实中介机构责任，坚决执行申报即担责，严格控制中介执业质量。

（二）加大发行人处罚力度，加强投资者保护事后追责机制

须加大对发行人处罚力度。虽然新证券法对相关上市主体惩罚力度增加不少，但可以看出对中介机构惩处力度相对来说远大于对发行人，处罚时没有分清"主谋"与"从犯"地位。需要进一步加大对发行人惩戒力度，建立惩罚性发行欺诈制度。集团诉讼作为保护投资者的有效方式，美国每年有 300 多桩集团诉讼案例，让未勤勉尽责相关方付出应有代价，但中国仅 1 例集团诉讼案例落地，应积极推动更多集团诉讼落实。对于民事责任，要尽快解决其目前受行政和刑事程序阻滞的现状，推动证券集团诉讼或者先期赔付制度的落实。与此同时，对于刑事责任认定以司法解释的形式科学地确定所谓"严重损害"的具体所指，为刑事责任的落实开通道路。完善举报人激励机制，适度提高举报人奖励金额比例，按照涉案金额比例给予奖励，激发"内部人"约束潜力。

（三）以退市的常态化推进披露的规范化

目前，由信息披露违法违规造成的强制退市已经体现在科创板法律制度中。在注册制全面推行过程中，要借鉴这一好做法。完善退市标准，研究补充净资产、营业收入等具体退市标准，增加关于失去持续经营能力的退市指标，扩大非量化标准范围，对于公司无法正常运行、大股东或者实际控制人违规担保等问题纳入退市考量范围。细化重大违法类指标，进一步明确欺诈发行、虚假陈述、内幕交易等认定标准。完善退市的投资者保护机制，通过限制高风险股票投资者资质，逐步减少退市风险股票的公众股东数量，强化退市过程中的重大信息披露制度。同时，证监会和交易所应加大执法力度，一旦发现发行人存在欺诈发行或者其他重大信息披露违法行为，应以"零容忍"的姿态严肃处理，避免因执法不严造成"强制退市"制度的虚化。

三、建立健全中介机构声誉机制

（一）压实资本市场中介责任，优化中介生态

推动保荐承销、审计评估、法律服务等中介机构归位尽责，切实发挥好资本市场"看门人"作用，严格履行核查验证、专业把关等法定职责，督促上市公司规范运作、真实披露。对勤勉尽责作出更加系统和可操作的要求，对于执业过程中未能勤勉尽责，甚至与上市公司等相关主体串通违规的，加强惩罚力度。

（二）强化中介机构声誉机制作用

提升中介机构服务水平。中介机构之所以被称为资本市场的"看门人"，原因是在其承担着核验信息披露质量的同时也承载着社会公众的信任。这种信任的来源就是中介机构在过往的执业经历中所积累的声誉，投资者将其视为担保，从而信赖证券的品质。在具体操作上，可以要求在招

股说明书中阐明中介机构一定时间范围内的执业经历，尤其要展现中介机构曾受到处罚，以此来推进发行人对中介机构声誉的重视。同时，监管部门还可以考虑以"年度"或"两年度"为单位，编制"证券中介机构执业情况报告"或评定中介机构的声誉等级并向社会公示，让市场根据声誉情况来衡量不同中介机构的"可信度"。该机制建立后，还应加强投资者教育，引导投资者意识到中介机构声誉的重要性，进而将"声誉考量"带入投资决策过程。

四、建立多部门参与的注册制评估机制

我国股票市场历经审批制、核准制和注册制。注册制作为在国内的新事物，不仅是注册过程中的变化，还涉及多方面变动，推进过程中必然遇到一系列问题，改革应以稳步推进为宜，在实践中找出问题并加以改进。在注册制试点三年之际，在全国即将全面推行注册制的情况下，应建立多部门参与的注册制实施效果评估小组，认真总结分析注册制实施的效果和存在的问题，进一步夯实持续推进全面注册制改革的基础。

参 考 文 献

［1］本报评论员. 建设质量威海创新威海信用威海 率先实现高质量发展［N］. 威海日报，2018 – 03 – 31（001）.

［2］陈畅舒. 商事制度改革背景下温州市企业后续监管［D］. 浙江：浙江中医药大学，2019.

［3］陈丽君，杨宇. 构建多元信用监管模式的思考［J］. 宏观经济管理，2018（12）.

［4］陈文玲. 透视中国：中国社会信用体系与文化报告［R］. 北京：中国经济出版社，2016.

［5］陈文玲. 中美信用制度建设的比较和建议［J］. 经济社会体制比较，2003（2）：89 – 94.

［6］陈新年. 信用论［M］. 北京：经济科学出版社，2017.

［7］程民选. 信用的经济学分析［M］. 北京：中国社会科学出版社，2010.

［8］崔吕萍. 从他律到自律，从政府到市场，经济高质量发展亟须信用建设提速［N］. 人民政协财经周刊，2018 – 01 – 16.

［9］邓洲剑. 商事制度改革背景下市场监管问题研究［D］. 南昌：南昌大学，2018 年.

［10］董鑫. 我国信用评级行业对外开放问题研究［J］. 北方金融，2021（2）：51 – 54.

［11］范水兰. 企业信用监管法律制度研究［M］. 北京：法律出版社，2019.

［12］方傲兰. 后危机时代下美国信用评级监管制度研究——兼论我

国信用评级监管制度的完善启示 [J]．法制与社会，2017（15）：28－29．

［13］顾威．信用经济：打通高质量发展的"任督二脉"[J]．清华金融评论，2018（6）：57－58．

［14］关建中．中国社会信用体系建设蓝图 [M]．北京：中国金融出版社，2016．

［15］郭濂．国际三大信用评级机构的比较研究 [J]．中南财经政法大学学报，2015（1）：36－39，131．

［16］国家信息中心中国经济信息网．中国城市信用状况——监测评价报告 [R]．北京：中国经济出版社，2018．

［17］韩家平．"双循环"背景下加强信用建设优化营商环境的若干建议 [J]．征信，2020，38（12）：1－6，16．

［18］韩家平．中国社会信用体系建设的特点与趋势分析 [J]．征信，2018，36（5）：1－5．

［19］郝雨时，周格旭．从国际视角看我国信用评级市场的发展及完善 [J]．浙江金融，2021（10）：60－67．

［20］蒋丽敏，李宇翔，唐剑．开放条件下信用评级市场发展及监管问题研究 [J]．征信，2021，39（3）：47－51．

［21］金兵兵．新时代市场开放条件下我国信用评级机构发展问题研究 [J]．征信，2019，37（1）：35－39．

［22］金克茂．我国信用评级业的发展状况研究 [D]．成都：西南财经大学，2012．

［23］雷光程．企业信用监管疑难问题解答2018版 [M]．北京：中国工商出版社，2018．

［24］李明明，秦凤鸣．中国信用评级业市场结构探析 [J]．经济经纬，2017，34（3）：153－158．

［25］联合资信．境外评级机构国际化发展路径及借鉴 [R]．2017．

［26］林钧跃．辨识社会信用体系的性质及其现实意义 [J]．征信，2020，38（9）：1－7．

［27］林钧跃．社会信用体系理论的传承脉络与创新 [J]．征信，

2012, 30 (1): 1 – 12.

[28] 林钧跃. 新一轮社会信用体系建设意义深远 [N]. 中国改革报, 2014 – 07 – 29 (002).

[29] 刘洪波, 卢盛羽. 健全和完善我国失信联合惩戒机制 [J]. 宏观经济管理, 2018 (12).

[30] 刘建华, 许艳杰, 金德淳. 日韩信用评级行业发展及对我国的借鉴 [J]. 征信, 2015 (3305): 49 – 54.

[31] 刘丽, 滕德志. 关于推进大数据背景下企业信用监管智慧化的对策思考 [J]. 工商行政管理报, 2018 年 7 月。

[32] 刘爽. 我国债券市场对外开放的现状、问题和对策探讨 [J]. 西南金融, 2019 (12): 12 – 22.

[33] 刘新海. 何为信用: 征信基础知识研究 (1), 财新网, 2021 年 1 月.

[34] 卢玉平, 金铭, 段晓军, 王子豪. 加强事中事后监管问题研究 [J]. 中国市场监管研究, 2018 (2).

[35] 罗欢平. 浅析失信概念界定和失信行为认定标准 [J]. 中国信用, 2020 (6): 112 – 115.

[36] 罗培新. 善治须用良法: 社会信用立法论略 [J]. 法学, 2016 (12): 104 – 112.

[37] 罗培新. 用监管: 构建新型监管机制的基石 [J]. 中国市场监管报, 2019 (11).

[38] 马国建. 构建区域一体化社会信用体系研究——以长三角地区为例 [M]. 上海: 上海三联书店, 2014.

[39] 马海燕. 对信用监管中信息归集、传播和应用的思考 [J]. 中国市场监管研究, 2016 (2).

[40] 马林影. 金融危机中美国信用评级机构行为分析及监管改革研究 [D]. 长春: 吉林大学, 2014.

[41] 木须虫. 惩戒失信不需要道德大棒 [N]. 法制日报, 2018 – 05 – 03.

[42] 钱弘道, 徐博峰. 企业信用监管中行政处罚的法治化指标研究

[J]. 浙江大学学报（人文社会科学版），2017（4）.

[43] 社会诚信问题：怎么看 [N]. 光明日报，2013 - 06 - 25（11）.

[44] 社会信用的行为制约 [J]. 中国金融，2018（11）：3.

[45] 石新中. 论黑名单制度的法理基础 [J]. 中国信用，2017（11）：113 - 115.

[46] 石新中. 信用与法律的相互促进——兼论中国信用法律制度的构建 [J]. 新视野，2009（4）：63 - 66.

[47] 孙磊. 信用体系演化的经济学分析 [M]. 北京：中国金融出版社，2010.

[48] 孙尤美. 我国信用评级市场监管缺失问题的对策研究 [D]. 哈尔滨：黑龙江大学，2016.

[49] 谭中明. 社会信用管理体系——理论、模式、体制与机制 [M]. 合肥：中国科学技术大学出版社，2005.

[50] 万存知. 重新认识"信用信息 +"模式 [J]. 中国金融，2020（7）：18 - 20.

[51] 汪路. 征信若干基本问题及其顶层设计 [M]. 北京：中国金融出版社，2018.

[52] 王淑芹. 社会诚信建设的现代转型——由传统德性诚信到现代制度诚信 [J]. 哲学动态，2015（12）：77 - 82.

[53] 王淑芹. 社会诚信问题：怎么看 [N]. 光明日报，2013 - 06 - 25（11）.

[54] 王淑芹. 社会诚信制度有效运行的道德基础——公民道德感和道德权利的视角 [J]. 首都师范大学学报（社会科学版），2015（6）：38 - 43.

[55] 王伟. 法治轨道下守信激励机制的类型化规制 [J]. 源点信用，2020（6）.

[56] 王伟. 论失信"黑名单"制度的法治化 [J]. 人民法治，2018（21）：43 - 45.

[57] 吴晶妹. 三维信用论 [M]. 北京：当代中国出版社，2014.

[58] 吴晶妹. 社会信用体系建设是时代所需 [J]. 征信, 2015, 33 (2): 1-4.

[59] 吴钟秀. 信用监管中的黑名单制度研究 [D]. 沈阳: 沈阳师范大学, 2019.

[60] 向小雪, 黄勇. 电子政务中"信息孤岛"问题的思考 [J]. 中国质量与标准导报, 2018 (1): 63-67.

[61] 肖瑞婷, 杨柳, 关伟. 开放条件下我国信用评级市场发展问题研究 [J]. 西部金融, 2017 (4): 57-59.

[62] 谢静, 苑婷婷. 我国信用评级对外开放问题及对策研究 [J]. 征信, 2016, 34 (12): 54-56.

[63] 杨胜刚. 社会信用体系建设的理论与实践研究 [M]. 北京: 中国金融出版社, 2019.

[64] 姚玉敏. 我国企业信用监管现状问题对策研究 [D]. 山东: 山东财经大学, 2015.

[65] 袁文瀚. 信用监管的行政法解读 [J]. 行政法学研究, 2019 (1): 18-31.

[66] 曾飞凡. "放管服"改革进程中创新监管方式的研究——以福建省为例 [J]. 发展研究, 2019 (6).

[67] 翟学伟. 中国社会信用——理论、实证与对策研究 [M]. 北京: 中国社会科学出版社, 2018.

[68] 翟学伟等. 中国社会信用——理论、实证与对策分析 [M]. 北京: 中国社会科学出版社, 2017.

[69] 詹明君. 中国信用评级机构研究 [D]. 大连: 东北财经大学, 2016.

[70] 张建华, 王伟. 中国企业信用建设报告 (2017—2018) [M]. 北京: 中国法制出版社, 2018.

[71] 张军扩, 赵怀勇. 建立社会信用体系所需要的法律框架及立法建议 [J]. 中国信息界, 2005 (15): 17-21.

[72] 张敏. 从国际评级业现状看我国信用评级业发展 [J]. 银行家,

2012（5）：60－62.

［73］张太航.信用监管是市场经济条件下政府经济管理的必然选择［J］.中国市场监管研究，2017（7）：22－25.

［74］张旭昆，李晓红.美国信用评级业发展及其借鉴［J］.征信，2015，33（1）：66－69.

［75］章政、张丽丽.中国公共信用体系建设：特性、问题与对策［J］.新视野，2017（2）：59－65.

［76］周荣华，陶雯.企业设立登记的信用蕴含及其迁移［J］.江苏商论，2018（5）.

［77］朱磊.我国构建信用监管体系的对策研究［J］.北方经贸，2019（8）.

［78］朱小川.以制度建设提升债券市场开放水平［J］.开放导报，2021（2）：80－86.

图书在版编目（CIP）数据

社会信用体系基础理论及实践／宋立义著. —北京：
经济科学出版社，2022.7
ISBN 978 – 7 – 5218 – 3819 – 0

Ⅰ.①社⋯　Ⅱ.①宋⋯　Ⅲ.①信用制度 – 建设 – 研究 –
中国　Ⅳ.①F832.4

中国版本图书馆 CIP 数据核字（2022）第 121822 号

责任编辑：初少磊　杨　梅
责任校对：王苗苗
责任印制：范　艳

社会信用体系基础理论及实践
宋立义　著
经济科学出版社出版、发行　新华书店经销
社址：北京市海淀区阜成路甲 28 号　邮编：100142
总编部电话：010 – 88191217　发行部电话：010 – 88191522
网址：www. esp. com. cn
电子邮箱：esp@ esp. com. cn
天猫网店：经济科学出版社旗舰店
网址：http：//jjkxcbs. tmall. com
北京季蜂印刷有限公司印装
710 × 1000　16 开　10.75 印张　160000 字
2022 年 7 月第 1 版　2022 年 7 月第 1 次印刷
ISBN 978 – 7 – 5218 – 3819 – 0　定价：48.00 元
（图书出现印装问题，本社负责调换。电话：010 – 88191510）
（版权所有　侵权必究　打击盗版　举报热线：010 – 88191661
QQ：2242791300　营销中心电话：010 – 88191537
电子邮箱：dbts@ esp. com. cn）